100 Erros que as Mulheres Cometem
Achando que Estão Acertando

100 Erros que as Mulheres Cometem
Achando que Estão Acertando

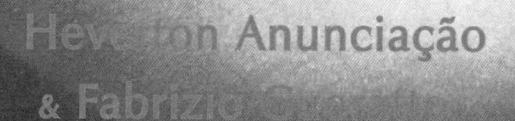

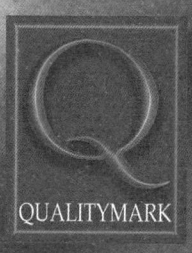

Heverton Anunciação
& Fabrizio Giovannini

QUALITYMARK

Copyright© 2014 by Heverton Anunciação & Fabrizio Gueratto

Todos os direitos desta edição reservados à Qualitymark Editora Ltda.
É proibida a duplicação ou reprodução deste volume, ou parte do mesmo, sob qualquer meio, sem autorização expressa da Editora.

Direção Editorial	Produção Editorial
SAIDUL RAHMAN MAHOMED editor@qualitymark.com.br	EQUIPE QUALITYMARK
Capa	Editoração Eletrônica
EQUIPE QUALITYMARK	CUMBUCA STUDIO

CIP-Brasil. Catalogação-na-fonte
Sindicato Nacional dos Editores de Livros, RJ

A645c

    Anunciação, Heverton
    100 Erros que as mulheres cometem achando que estão acertando / Heverton Anunciação & Fabrizio Gueratto. – 1. ed. – Rio de Janeiro : Qualitymark Editora, 2014.
    216 p. ; 21 cm.

    Inclui bibliografia
    ISBN 978-85-414-0164-7

    1. Relação homem-mulher. 2. Casais – Psicologia. 3. Psicoterapia conjugal. I. Gueratto, Fabrizio. II. Título.

14-12095   CDD: 616.891562
                                CDU: 615.851-058.833

2014
IMPRESSO NO BRASIL

Qualitymark Editora Ltda.   QualityPhone: 0800-0263311
Rua Teixeira Júnior, 441 – São Cristovão   www.qualitymark.com.br
20921-405 – Rio de Janeiro – RJ   E-mail: quality@qualitymark.com.br
Tel.: (21) 3295-9800   Fax: (21) 3295-9824

Agradecimentos

Heverton Anunciação: Israel Lopes, André Albuquerque, Roberto Rodrigues, Ronnie Von, Maria Cristina Rangel, Juca Chaves, Yara Chaves, Sergio Herz, Jovem Pan FM Curitiba (Johnny, Wagner, Zico), Masaya Kondo, Maria Efigênia Barbosa, Deborah Rosenblit, Angela Kochhann, Paloma Lima, Vivian Barabani, Mirella Gueratto, Gisele Lasserre, Viviane Lasserre, Mônica Valéria, Mônica Guidoni, Leandro Sophia, Ricardo Juan, Paloma Lima, Renata Gonzalez, Sandra Keppler, Ana Emmerich, Livia Sanches, Livia Borges, Carla Jorge e o apoio eterno de nossas famílias e amigos espalhados pelo mundo inteiro.

Fabrizio Gueratto: Agradeço a Deus em primeiro lugar e a estas pessoas especiais que ajudaram a construir este sonho: Família Heller, Família Kogos, Família Sampaio, Família Scheeeins, Tatiana Scaff, Karol Portillo, Amanda Chiara, Roberta Betuzzi, Mag Moreira, Paulo Goulart, Nicete Bruno, Mara Luquet, Liliane Ventura, José Henrique Reis Lobo, minha superfamília, todos da zerados crew e em especial a todas as "fabrizetes" que de alguma forma ajudaram a encontrar os **100 ERRROS QUE AS MULHERES COMETEM ACHANDO QUE ESTÃO ACERTANDO.**

Sobre os Autores

Fabrizio Gueratto é sócio-diretor da Gueratto Press, assessoria de imprensa focada no mercado corporativo. Apesar de nunca ter cursado Psicologia, não possuir mestrado em Antropologia, fez doutorado na própria e fundamental ciência da vida.

Após ouvir centenas de reclamações de suas amigas sobre o que elas estavam passando com seus "ficantes", namorados e maridos, decidira que era preciso reunir tudo em um livro para, assim, dedicar seu tempo a outras tarefas que vão além dos sempre repetidos, mas de inegável importância, conselhos amorosos.

Foi graças a essa vivência que as *fabrizetes* carinhosamente o apelidaram de Dr. Relacionamento. Para contatar o Fabrizio, escreva para **fabrizio@gueratto-press.com.br**

O consultor e pesquisador **Heverton Anunciação**, nascido em Brasília, atualmente residindo em São Paulo, atua em Tecnologia da Informação e *Marketing* de Relacionamento.

Estudou Tecnologia em várias instituições do Brasil e do exterior. Atualmente, especializa-se nas novidades do mundo do *Marketing*, da Responsabilidade Social, do Atendimento ao Cliente e da Administração de Empresas.

Uma importante informação a respeito do autor é que ele é o criador do primeiro portal imparcial sobre espiritualidade e Responsabilidade Social na Internet: www.eDeus.org, além dos livros *Nunca se Case Antes dos 30* e *Por que as Mulheres Criam Expectativas e os Homens Somem?*

É autor do primeiro aplicativo mundial de terapia para casais e solteiros chamado A FILA ANDA (www.heverton.com.br/apps)

Você poderá entrar em contato com o Heverton nos seguintes endereços da Internet: www.heverton.com.br ou heverton@heverton.com.br

Sumário

1º Erro – O Homem é Petrobras – O Desafio é a Nossa Energia 3

2º Erro – Mulher Travesseiro – Já está na cama logo no primeiro encontro 5

3º Erro – Homem Júnior – Analise os pais para saber quem é o filho 7

4º Erro – Mulher Drogada – Você sabe que ele lhe faz mal, mas não consegue largar 9

5º Erro – Mulher O.B. – Não aprendeu que intimidade demais é falta de respeito 11

6º Erro – Mulher Vitrine – A sua aparência pode até fazer o cliente entrar, mas não garante a compra 13

7º Erro – Mulher *Hair Stylist* – Um amigo homem é mais eficaz que seu cabeleireiro 15

8º Erro – Mulher Deixa Passar – É mais fácil resolver um problema todo dia do que 365 no fim do relacionamento 17

9º Erro – Mulher Caloura – Não pode ver plateia que já quer dar um show 19

10º Erro – Mulher TPM - Será que ninguém ensinou a palavra "silêncio" para as mulheres? 21

11º Erro – Casal Adão & Eva – Acham que existem apenas os dois no mundo 23

12º Erro – Mulher Matemática – Vou ser a melhor mulher do mundo e ele me amará para sempre 25

13º Erro – Mulher Pomba – Adora viver de migalhas 27

14º Erro – Mulher Monalisa – Linda, bem
sucedida, independente, desejada e sozinha 29

15º Erro – Mulher Quebra-cabeça – Sempre falta
uma peça para completar 31

16º Erro – Mulher Publicitária – Propaganda
não é a alma do negócio 33

17º Erro – Mulher Apneia – Não deixa o homem
respirar 35

18º Erro – Mulher Museu – Se ex fosse um
problema, ela não seria ex 37

19º Erro – Relacionamento Ioiô – Vai e volta mais
de mil vezes 39

20º Erro – Homem Mágico – Ele simplesmente
sumiu depois da primeira vez 41

21º Erro – Mulher Manicômio – Procura um
companheiro semelhante para ter com quem
dividir a loucura 43

22º Erro – Mulher Morcego – Adora quando o
homem liga de madrugada 45

23º Erro – Mulher Réveillon – Passa sempre em
branco as datas marcantes 47

24º Erro – Mulher Ímã – Os opostos se atracam. 49

25º Erro – Mulher do Tempo – Se o homem lhe
pedir "um tempo", agradeça e aceite 51

26º Erro – Mulher Gostosa – Ser "gostosa" é
apenas uma das variáveis 53

27º Erro – Mulher Agrada a Todas – Fuja de
agradar somente suas amigas 55

28º Erro – Mulher Sonhadora – Pare de procurar a
cara-metade ou a alma gêmea 57

29º Erro – Mulher Preguiça – Fuja de homem
preguiçoso 59

30º Erro – Mulher Alice – Domine suas fantasias 61

31º Erro – Mulher Monólogo – Conheça bem em seu pretendente como ele lida com questões difíceis da convivência 63

32º Erro – Mulher Frígida – Não deixe os homens dominarem seus três pontos Gs, exceto um 65

33º Erro – Mulher *Keep Walking* – Não pare no tempo por causa de homem 67

34º Erro – Mulher Radar – Sabia como identificar um homem canalha 69

35º Erro – Mulher Dedo Podre – Cure sua "maldição do Dedo Podre" 71

36º Erro – Mulher Discovery Channel – Não se preparar para ser uma Mulher-Alfa 73

37º Erro – Mulher Braços Cruzados – Acredite no Destino, mas crie o melhor para você 75

38º Erro – Mulher Conto de Fadas – Fuja dos homens do tipo "Don Juan", se isso te fará mais mal do que bem 77

39º Erro – Mulher Pré-histórica – Defina o que é melhor num homem para você: o lado sábio ou o lado animal "uga-uga" 79

40º Erro – Mulher Sem Orgasmos – Estude, Ensine e Pratique o que é um orgasmo 81

41º Erro – Mulher o que vier eu aceito – Saiba o que você realmente deseja de um homem 83

42º Erro – Mulher Emotiva sem Bússola – Reserve um tempo na sua vida para estudar o lado emotivo e racional do amor 85

43º Erro – Mulher Atual – Não quer nem ouvir falar da ex-mulher 89

44º Erro – Mulher Febre – Nunca mede a temperatura do relacionamento. 91

45º Erro – Mulher Maria Qualquer Coisa – Descobre tarde que junto com o bônus vem o ônus 93

46º Erro – Mulher Pedreira – Prepara o homem
para casar com outra 95

47º Erro – Mulher Enrolada – Não consegue
desatar os nós 96

48º Erro – Mulher Isca – Quando o homem é um
urso pardo 98

49º Erro – Mulher Bumerangue – O respeito acaba
no vai e volta 99

50º Erro – Mulher Swinger – A mulher que segue o
homem aonde ele vai para não perdê-lo 101

51º Erro – Mulher Comissária – Se eu te salvar,
você me amará para sempre?!? 105

52º Erro – Mulher Maníaca do Amor – Um amor
doente cura 106

53º Erro – Mulher Antibióticos – Deixe-me te
curar em sete dias 109

54º Erro – Mulher Rapadura fingindo ser *petit
gateau* ou vice-versa 110

55º Erro – Mulher Kamikaze – Eu me mataria
por ele 111

56º Erro – Mulher Bandeira Dois – Um dia ele
pagará a conta do meu tempo 112

57º Erro – Mulher que mamãe mandou eu
escolher esse daqui 113

58º Erro – Mulher Miopia – Eu já estou vendo!
Eu já estou vendo! 114

59º Erro – Mulher Crua ou Bem Passada 116

60º Erro – Mulher de Darwin – Eu faço a seleção
natural 119

61º Erro – Mulher Gabriela – Eu nasci assim... 122

62º Erro – Mulher Faxineira – Deixe-me limpar
a sua vida? 123

63º Erro – Mulher Bela Adormecida, mas
independente 124

64º Erro – Mulher Cheque sem Fundo –
Compensará sua vida se quiser 125

65º Erro – Mulher Sem Limite até onde ele for 126

66º Erro – Mulher Las Vegas – Aposte em mim
que poderás ganhar muito 127

67º Erro – Mulheres Sem Palavra – Prometo que
irei avaliar 128

68º Erro – Mulher Bruxa tomando seu próprio
veneno 129

69º Erro – Mulher Beata – À espera de um
milagre 130

70º Erro – Mulheres da Máfia – Cada uma por
si?!?! 132

71º Erro – Mulher Plano B – Eu te espero, tá?
Me liga! 133

72º Erro – Mulher dos Cinco Tons de Rosa –
Cadê meu namorado que eu deixei aqui?!? 134

73º Erro – Mulher Tabuleiro – Você errou, volte
dez casas e comece de novo 136

74º Erro – Mulher Amnésia – Eu não me lembro
de você. 137

75º Erro – Mulher Ex – A condenação eterna 138

76º Erro – Mulher Mecânica – Só fica com quem
pega no tranco 139

77º Erro – Mulher Curandeira de Canalhas –
Eu vou te curar 140

78º Erro – Mulher Pensão – Eu não vou ter filhas
que ficarão para tiazinhas 141

79º Erro – Mulher Mãe – Eu vou substituir sua
mãe 143

80º Erro – Mulher com Gravidez Precoce –
Eu quero o filho mas o homem é o custo 144

81º Erro – Mulher Assistência Técnica – Não se
preocupa em ficar dando manutenção 145

82º Erro – Mulher Festeira – O meu casamento será o maior de todos.. 147

83º Erro – Mulher Exagerada – Eu te amo mesmo você não me amando. 148

84º Erro – Mulher Calcinha Bege – Acha que as cores não importam ao homem 150

85º Erro – Mulher à Deriva – O vento me leva......... 151

86º Erro – Mulher Terapeuta – Curar os traumas do homem... 153

87º Erro – Mulher Intocável – Eu nunca serei uma amante de homem comprometido 154

88º Erro – Mulher à *la Carte* – Eu espero que me sirvam a felicidade 156

89º Erro – Mulher de Bandido – Ele tem direito a vários recursos 157

90º Erro – Mulher Indiana Jones – Amor sem aventura não presta... 158

91º Erro – Mulher Camarote – Se não tem pulserinha não tem chance comigo 159

92º Erro – Mulher Ditadura – Eu nunca cederei em meus padrões de exigência............................. 160

93º Erro – Mulher Adivinha – Melhor deduzir do que perguntar.. 161

94º Erro – Bela Adormecida dos tempos modernos . 162

95º Erro – Mulher que não trai o marido com ela mesma.. 169

96º Erro – Mulher do isso não vai acontecer comigo.. 174

97º Erro – Mulher Mãe de Primeira Viagem 178

98º Erro – O que fazer no primeiro dia útil após a lua de mel? 183

99º Erro – Mulheres Sem Foco e Homens Teleguiados.. 187

100º Erro – Mulher Viciada em Paixão................... 195

♀

"A melhor guerra ou briga de um casal é a disputa entre suas línguas no ringue criado pelas suas bocas..."

♂

Muitos dos erros aqui apresentados não são cometidos por mulheres europeias ou norte-americanas, isso considerando a estatística e os padrões de comportamento. Talvez o nosso lado sul-americano em evolução favoreça ainda a existência desses erros nas mulheres que estão abaixo dos trópicos.

Não acredita?

Apresento um exemplo entre vários que poderá conferir nas próximas páginas:

Uma mulher europeia ou norte-americana, ao perguntar a uma amiga ou amigo sobre um cara que está a fim de conhecê-la:

Amiga, sério? Ele é inteligente, trabalhador e o que ele faz?

Agora, uma mulher sul-americana perguntando a uma amiga ou amigo sobre um cara que está a fim de conhecê-la:

Amiga, nossa... ele é bonito e gato?

Está explicado por que as relações demoram mais tempo lá fora?!?

1º Erro – O Homem é Petrobras – O Desafio é a Nossa Energia

> *"Aprenda a dizer 'não' ao bom, assim você poderá dizer 'sim' ao melhor."*
>
> **John C. Maxwel**

Mulheres são ansiosas e impulsivas por natureza. Porém, vocês precisam entender que, desde criança, o homem é incentivado pelo pai a ser o melhor no esporte, conquistar o máximo de mulheres e sempre estar na frente de todos. Sinto que os pais jogam as frustrações que adquiriram ao longo de uma vida e tentam compensar sonhando que o filho será um super-homem. Não adianta ficarmos filosofando dizendo que isso é errado e que não deveria ser assim. Parafraseando Nelson Rodrigues, é a vida como ela é e ponto final.

Com o conhecimento disso, as mulheres precisam saber a arte de jogar e nunca deixar o homem sentir-se seguro, pois isso tira o prazer do desafio. Parem de escutar aquelas amigas dizendo: "Faz o que você tem vontade; quer ligar, liga. Quer falar que ele é o homem de sua vida, fala." Perfeito, podem fazer isso, mas depois não reclamem que ele simplesmente sumiu sem motivo algum. O homem é Petrobras e, infelizmente, o desafio nos move, quer seja na vida profissional, quer seja na pessoal.

Claro que, aos poucos, a cumplicidade vai aumentando e o jogo vai ficando mais simples, mas ele sempre terá de existir. Imagine sua vida profissional: de repente você passa em um concurso e vira funcionária pública, ficando empregada para o resto de sua vida. Agora, imagine que você trabalhe *há anos em uma multinacional e*, com muito sacrifício, você se torna diretora, mas sabe que, a qualquer momento, pode perder seu lugar para outra pessoa. Qual desses trabalhos irá gerar mais esforço seu no dia a dia e mais adrenalina?

Uma vez, fui jantar com uma mulher muito linda, simpática e bem sucedida. A princípio, a mulher perfeita. A noite foi ótima e acabamos nos beijando. De repente, não sei se haviam colocado alguma droga na bebida dela (risos), mas, de repente, ela simplesmente começou a chorar, dizendo que estava muito feliz, que nós tínhamos tudo a ver, que ela jamais imaginou que aquilo fosse acontecer. Morri de vontade de perguntar se ela havia cortado uma cebola, pois o olho dela estava lacrimejando, mas me segurei. O que você acha que eu pensei?

Essa mulher já deve estar com uma aliança no bolso e eu nem completei meus 25 aninhos. Naquele momento, em apenas algumas horas, havia acabado meu desafio futuro. Pensei: tenho duas opções: ou eu sumo depois dessa noite ou vou à igreja Nossa Senhora do Brasil verificar qual a data mais próxima que eles têm na agenda para podermos nos casar. Qual você acha que foi minha escolha?

2º Erro – Mulher Travesseiro – Já está na cama logo no primeiro encontro

"Quando a mente está em estado de incerteza, o menor impulso a dirige para qualquer lado."

Anônimo

As mulheres se preocupam mais em agradar os seus parceiros do que em serem verdadeiras consigo mesmas e respeitarem os seus gostos, desejos e valores. Isso não é diferente nos relacionamentos. Na ansiedade de ser a melhor parceira do mundo, muitas vezes ela só pensa em satisfazer os desejos dele, como se a palavra não fosse acabar com a relação.

Mais uma vez precisarei voltar no ensinamento básico do mundo masculino. O homem é movido por desafios e quanto mais dificuldade ele tiver, mais será só empolgação para provar para si mesmo que ele pode. Logo no primeiro encontro, não tenha dúvidas de que, se você não impuser limites, ele tentará levar você para a cama e fingirá que está extremamente bravo por não ter conseguido.

Não é porque ele acha você vulgar ou algo do gênero, mas é tudo uma questão de desafio. Ele queria sair com você e já conseguiu. Ele queria beijar você e conseguiu. É inevitável que o próximo passo seja extremamente previsível.

Porém, o homem é instável emocionalmente e, a partir do momento que ele provou para si mesmo que consegue tudo o que ele queria, irá buscar uma nova meta a ser alcançada e provavelmente não será com você. O homem equilibrado não se apaixona apenas por uma mulher bonita. Ele se encanta por alguém que tenha diversas qualidades, mas leva algum tempo para que estas sejam descobertas na sua parceira.

Então, quanto mais rápido ele conseguir o que quer, menos tempo ele terá para lhe conhecer e, consequentemente, a chance de se apaixonar por você será drasticamente reduzida. Nunca beije o homem no primeiro encontro e muito menos vá para cama com ele. Se ele quiser mesmo você, irá ligar novamente e convidá-la para sair mais uma vez. Se não ligar, fique tranquila e agradeça, pois você se livrou de um problema futuro.

Em relação à cama, a minha dica é: *vá para* a cama apenas depois do casamento. OK, tudo bem, vamos voltar para a vida real. Quanto mais tempo você demorar, maiores serão as suas chances de ele lhe conhecer como um todo e, *aí sim*, decidir se você é a mulher da vida dele ou apenas mais uma. Se a segunda opção ocorrer, pelo menos você não se sentirá um objeto que foi usado e jogado fora.

Apenas mulheres inseguras tentam segurar um homem pelo carnal. Um pirata jamais continuaria viajando se já tivesse encontrado todo o ouro escondido.

3º Erro – Homem Júnior – Analise os pais para saber quem é o filho

"Uma boa educação é o melhor dote."

Adágio Popular

Somente uma única característica é comum a todos os bandidos: os pais. Foram eles que criaram, passaram os valores e deram amor, ou ainda, não fizeram nenhuma das anteriores por seus filhos. Hoje, posso falar com segurança que os filhos são consequência dos pais.

A partir disso, fica muito mais fácil saber rapidamente quem é quem neste mundo de aparências. Logo que estiver ficando há algum tempo com o seu parceiro, faça questão de conhecer os pais dele e reserve uma boa lista de perguntas. Mesmo que você não seja formada em jornalismo, formule antecipadamente uma série de perguntas para você saber quem é o filho que eles criaram.

Acredite, um casal que não se respeita, ou que o homem é machista ou a mulher desequilibrada, não poderá gerar bons frutos dentro de um filho criado em um ambiente desestruturado. Em algum momento, por mais guardado que esteja, esse trauma vai se revelar.

Uma vez, na adolescência, saía com a uma menina que fazia questão de ser estúpida comigo, por melhor que eu a tratasse. Infelizmente, não tive a honra de conhecer os seus pais, pois todas as vezes que eu ia à sua casa eles não estavam. Mas este era um, de muitos sinais, que representava que a filha não era tão importante na vida deles, pois sempre que passava o final de semana com ela, eles não ligavam uma única vez. Isso só poderia dar em duas coisas: ou uma filha carente, ou uma mulher de malandro, que reage com agressividade se alguém a trata bem.

Este é o mesmo princípio pelo qual você deve sempre falar sobre os relacionamentos anteriores do seu parceiro, para entender o que aconteceu, pois tem grandes chances de ocorrer o mesmo com você. Este é o ensinamento básico da história: estudar o passado para entender o presente.

Além disso, nunca se esqueça de que, quando entramos em um relacionamento, sempre estamos pensando que aquele poderá gerar frutos futuros. Assim, se você namora um filho vindo de uma família desestruturada, jamais se esqueça de que um dia você poderá ser casada com aquela família, pois nós não casamos apenas com a pessoa, casamos com a família inteira. Antes de continuar, pense no risco proporcionado pelo benefício e não se iluda achando que você tem o dom de mudar as pessoas.

4º Erro – Mulher Drogada – Você sabe que ele lhe faz mal, mas não consegue largar

> *"A droga que melhor altera a mente é a verdade."*
>
> **Lily Tomlin**

Agora, a última moda é falar que o mal do século é o *crack*. Na verdade, acredito que essa droga é uma praga, mas daqui a algum tempo ela irá passar e outra virá no lugar, provavelmente pior ainda. No entanto, para mim, a pior droga do passado, do presente e do futuro é o sentimento. Este sim faz alguém cometer um crime, se autodestruir e acabar com toda uma família.

O grande culpado disso é o homem inseguro, imaturo e frustrado, que precisa rebaixar sua companheira para sentir que é superior a alguém. Geralmente, a mulher que encontra este tipo de pessoa vive um relacionamento de drogado, pois ela sabe que faz mal, mas não consegue largar.

Por mais que a família e os amigos alertem para o que esteja acontecendo, pois quem está de fora enxerga muito melhor, parece que não adianta. Muitas vezes, a mulher até concorda com o que todos falam, mas assim que vira as costas ela se permite ser, mais uma vez, submissa. Então, o que fazer?

Primeiro, assim como com a droga, muitas vezes a pessoa não tem força para se libertar sozinha. É preciso buscar ajuda na família, nos amigos e, principalmente, em Deus. Após essa base ser alcançada, você precisará tomar uma decisão se quiser ser feliz, pois o tempo que se perde na vida não irá voltar.

Lembro-me de uma amiga cujo namorado a tratava com desrespeito na frente de todos, sumia por dias e ligava apenas quando estava carente. Resumindo, além de não acrescentar nada na vida dela, ele ainda subtraía.

Quando perguntava qual o motivo dela ficar com alguém nessas circunstâncias, a resposta era sempre a mesma: "Eu sei de tudo isso, mas é que você não entende!" Realmente, *não entendo, aliás,* nem ela entende. Talvez, se um drogado entendesse os motivos que o levam a usar drogas, talvez ele já se curasse.

O motivo, em geral, é a baixa autoestima. Digo isso, pois geralmente este problema acontece sempre com aquela pessoa. Porém, a mulher drogada precisa ter em mente que, assim que ela deixar o vício, haverá um tempo de abstinência e sofrimento, mas depois outra pessoa irá preencher aquele espaço. Assim como o viciado, é preciso ter em mente que sempre esta mulher precisará ficar longe da tentação, ou seja, do homem em que ela era viciada. Logo que se livrar desta pessoa, apague o celular dele, Facebook e, principalmente, o comentário das amigas sobre ele.

A velha frase que diz que *"é preciso nos amarmos para podermos amar outra pessoa"* é cada vez mais atual. Enquanto não atravessarmos nossa própria solidão, continuaremos a nos buscar em outras metades e, mesmo assim, nunca estaremos completos. Para viver a dois, antes, é preciso saber ser um.

5º Erro – Mulher O.B. – Não aprendeu que intimidade demais é falta de respeito

"Sua conduta é apenas uma expressão formal de como você trata as pessoas."

Molly Ivins

Uma vez vim conversando com uma pessoa famosa e que já namorou diversas atrizes. E ele me contou que se separou de sua esposa, pois ela perdeu o mistério. Perguntei o que seria o mistério de uma mulher e ele me resumiu como sendo algo inexplicável, mas que era fundamental para manter viva a chama do relacionamento.

Fiquei pensando, pensando e acho que consegui entender o que ele queria dizer. Na verdade, ele estava falando sobre aquela mulher que casa e para de se cuidar, vai dormir com aquele pijama velho, vai ao banheiro de porta aberta, fala palavrão, come de qualquer maneira, entre outras coisas. Isso faz com que o homem, sem perceber, vá perdendo o interesse ou o tal mistério da mulher.

Ainda sobre este mesmo assunto, estava conversando com duas amigas casadas sobre relacionamento e elas me diziam que, depois de casadas, é normal você fazer o "número dois" no banheiro e ficar com a porta aberta conversando com o marido. Achei aquilo o fim do mundo e elas quase me mataram, me chamando de fresco etc., etc...

Fiquei pensando se realmente eu era fresco demais e comecei a pedir a opinião de diversos amigos sobre o tema intimidade. Hoje, posso falar que não, não era eu quem estava com os conceitos errados. A mulher jamais pode perder a sua feminilidade, jamais pode deixar de se arrumar para si mesma e para o seu marido, é claro.

Um padre certa vez me disse: "Você não casa para ser feliz, mas sim para fazer o outro feliz e você ficar completo na alegria deste." Isto quer dizer que, depois que casamos, precisamos, sim, nos preocupar com que o outro pensa, sente ou deseja. Isso é o princípio básico de uma relação a dois.

Costumo dizer que para ser feliz dá trabalho. Assim como dá trabalho estar arrumada, cheirosa e preservar alguns momento íntimos seus. Seu companheiro não precisa ver nem saber de algumas intimidades suas.

A mulher que perde o seu mistério perde junto a admiração e o encanto do seu parceiro.

6º Erro – Mulher Vitrine – A sua aparência pode até fazer o cliente entrar, mas não garante a compra

"Não vale a pena pensar na beleza; o importante é sua mente. Não se quer um penteado de dólares numa cabeça de 50 centavos."

Garrison Keillor

Sempre que estou conversando sobre relacionamento e digo que estou solteiro, a primeira afirmação que fazem, principalmente as mulheres, é: "Está muito difícil encontrar uma mulher bacana, né?"

Na mesma hora eu respondo: "Olha, não sou rico, nem maravilhoso, nem nada, mas não acho que esteja difícil achar, não. Só estou solteiro porque ainda não encontrei ninguém que me faça não querer mais nenhuma outra, apenas isso."

Em função do que tenho observado, gostaria de iniciar uma campanha para que todas as mulheres mudem a famosa pergunta: "Está tão difícil encontrar um homem de verdade?" A pergunta que vocês devem fazer é: "Por que sempre atraio homens errados?"

Veja bem, o ser humano é formado de preconceitos. Imediatamente quando o homem vê uma mulher, em três segundos ele analisa a sua beleza, a sua roupa, a sua maquiagem e as amigas que estão com ela. Logo depois deste primeiro *check-up*, ele conversará com o seu alvo para comprovar a primeira impressão. Porém, em três segundos apenas ele já sabe se a mulher tem alguma chance de ser a futura mãe dos filhos dele ou não. Como toda regra, existem as exceções mas, como o próprio nome diz, são exceções.

Para exemplificar melhor, vou citar a Zoologia. Existem apenas três bichos que não sentem frio: o urso polar, o pinguim e as piriguetes. Então, imagine uma mulher que sai com uma roupa menor que um pano de prato, uma maquiagem forte e amigas que seguem este mesmo estilo. Quando elas chegarem a qualquer lugar, sem dúvida todos irão olhar ou pelo menos quase todos, pois nem todo mundo gosta deste perfil; como eu, por exemplo. Porém, de todos aqueles que olharem, 99,99% terão o olhar de um simples desejo, algo momentâneo. Nenhum homem olhará com o seguinte pensamento: "Nossa, minha mãe iria adorar esta piriguete. Ela seria uma ótima mãe para os meus filhos."

Eu conheço mulheres que usam roupas vulgares, adoram se exibir, mas são excelentes pessoas, até mesmo meigas e educadas. Mas sabe quando um homem descobrirá o que tem por dentro de uma pessoa que possui uma aparência que choca? Nunca.

Este exemplo também vale para aquela mulher que só vive reclamando da vida para o seu novo parceiro, para aquela pegajosa ou até mesmo para a que vive na balada de segunda a segunda. O grande desafio tanto para o homem quanto para a mulher não é conseguir conquistar o seu alvo. O grande desafio é manter o seu alvo um tempo suficiente para mostrar quem realmente você é e, *aí sim*, o seu parceiro ou você decidirem se querem continuar ou não.

Se você é daquelas que falam: "Eu sou assim e não vou mudar." Eu respondo: "Continue assim e irá zerar."

A primeira impressão é a chave para o futuro ou o cadeado para o presente.

7º Erro – Mulher *Hair Stylist* – Um amigo homem é mais eficaz que seu cabeleireiro

> *"Viver sem amigos é como tentar tirar leite de um urso para o café da manhã. Dá muito trabalho e não vale a pena."*
>
> **Zora Neale Hurston**

A mulher, por natureza, adora fofocar, contar seus problemas para todo mundo e, por sua insegurança, quer que todo mundo opine sobre o que ela deve fazer, pois é muito mais fácil tomar uma decisão que o outro indicou do que uma totalmente dela. Assim, ela consegue dividir a responsabilidade de seus atos.

O fato é que a mulher muitas vezes não quer ouvir a verdade, ela quer simplesmente desabafar. Entretanto, nem sempre sua melhor amiga é a melhor pessoa para você conversar, muito menos seu cabeleireiro. Ambos adoram alimentar a fofoca e dar opiniões que eles nem aplicam em suas vidas. Aliás, quanto mais você preservar sua vida pessoal, obviamente, menos pública ela será.

Se uma mulher vai reclamar de seu namorado ou marido para uma amiga, a primeira coisa que ela fala é: "Ai, larga dele." Ela fala isso, mas ela mesma não terminaria o relacionamento dela. Este tipo de coisa ocorre, pois a mulher age com o útero, ou melhor, com a emoção e não com a razão.

Por isso, a melhor pessoa para você conversar sobre seu relacionamento é um amigo homem, fiel e que não tenha segundas intenções com você. Sim, existe amizade entre homem e mulher. É raro, mas existe. É ele quem lhe dirá com frieza o que está acontecendo, os motivos e se existe possibilidade de achar uma alternativa ou solução.

Minha melhor amiga, que hoje está muito bem casada, já tomou muita bronca minha quando observava que ela cometia um erro. Se ela fosse ouvir uma amiga, com certeza esta diria que ela estava certíssima, consequentemente estaria cometendo os mesmos erros até hoje e, muito provavelmente, *não estaria casada.*

Provavelmente, muitos problemas que você passa com seu companheiro, seu amigo já viveu ou viu um colega viver. Afinal, como vocês mulheres dizem: homem é tudo igual, só muda de endereço.

8º Erro – Mulher Deixa Passar – É mais fácil resolver um problema todo dia do que 365 no fim do relacionamento

"Para conservar aquilo que foi conquistado é preciso ser cuidadoso e atento."

Anônimo

Mulheres: *não, os homens não gostam da famosa DR* (discutir a relação). Cada vez que vocês intimam seu parceiro para uma conversa séria, mais você o afasta. O homem não tem paciência para esse tipo de conversa, mas isso não quer dizer que não saibamos dialogar.

O relacionamento é construído no dia a dia. Isto quer dizer que não é possível acumularmos uma série de problemas durante o mês e tentar resolver tudo no quinto dia útil. É preciso dedicar um tempo, todos os dias, para prestar atenção em quem está com você.

Outro dia, estava lendo uma entrevista da apresentadora Fernanda Lima em uma revista feminina. Na publicação, ela contava que, na noite anterior, seu marido Rodrigo Hilbert havia acordado com a cara meio emburrada. Ela poderia simplesmente pensar que não havia acontecido nada de errado naquela noite, ter se arrumado e ido trabalhar.

Porém, ela parou tudo o que estava fazendo e fez questão de perguntar o que estava acontecendo. Ele disse que havia passado muito calor de noite, pois ela havia desligado o ar condicionado. Pode parecer um problema ridículo, mas o acúmulo disso faria com que um dia um não aguentasse mais olhar para a cara do outro.

O homem, por natureza, não gosta de conversar sobre o que está sentindo. Cabe à mulher, com delicadeza, arrancar dele o que está acontecendo e com muita calma pedir desculpas ou demonstrar que ele está errado.

É importante, sim, mostrar quando seu parceiro estiver errado, para que ele comece a exercitar sua autopercepção. A mulher que não tem paciência para todo dia resolver um pequeno problema não está pronta para ser uma companheira. Como diria um sábio filósofo: "O que me incomoda não é a reclamação de quem está errado, mas sim o silêncio *de quem está com a razão.*"

9º Erro – Mulher Caloura – Não pode ver plateia que já quer dar um show

> *"A pessoa transbordante de vaidade está de tal modo envolvida consigo mesma que não há lugar dentro dela para qualquer outra pessoa ou coisa."*
>
> *Pan*

Relacionamento a dois não é fácil. Entretanto, isto não quer dizer que ele não precisa ser a dois. Não, não estou falando de um triângulo amoroso. Estou falando daquelas mulheres que adoram expor o seu relacionamento em público, como um calouro que vê a plateia e sente que o espetáculo precisa começar. Quem não já teve uma namorada que adorasse expor a relação e os defeitos do namorado no momento em que todos os amigos estivessem reunidos?

Na verdade, em uma simples comparação, essas mulheres são como os mendigos. Exatamente; *já percebeu que os mendigos dormem de dia e estão* alertas de noite?

Isso ocorre porque de dia as pessoas estão nas ruas e eles se sentem seguros, mas à noite eles precisam estar alertas, pois não existe a proteção da sociedade. É exatamente por este motivo que as mulheres adoram dar show em público ou, no mínimo, leves cutucadas, pois sabem que não haverá uma grande reação. Elas falam coisas que não falariam se estivessem a sós com seu parceiro. Na discussão a dois não existe público, advogados e acusadores. É simplesmente um versus o outro, e os fatos e argumentos.

O que elas não pensam é que neste momento ela não está rebaixando o seu parceiro. Ela está se rebaixando pois, afinal, quem está com a pessoa que ela está criticando?

Além disso, a partir do momento que você fez o espetáculo ou contou uma história para a plateia, imediatamente você abriu o canal para a interação, ou seja, uns opinando contra, outros a favor, como em uma briga de gangues, onde não haverá vencedores. São apenas gladiadores no coliseu lotado.

O ser humano, por mais personalidade que tenha, sempre será influenciado. Imagine uma ou duas ou três amigas suas, que te querem bem, comprarem a sua briga e ficarem o tempo todo falando que você não merece isso, que ele não presta ou qualquer outra coisa. Isso só ocorre porque você deu a abertura para que a sua vida se tornasse pública e todos pudessem palpitar sobre ela.

Jamais exponha sua a vida para seus amigos. Nunca rebaixe seu companheiro na frente dos outros. Não, colocar quem está do seu lado para baixo não fará com que você fique acima. Num jogo de tênis, onde apenas dois jogadores estão em quadra e é preciso concentração, além de um esforço a todo momento, qualquer ruído vindo da plateia pode fazer um jogo ganho se tornar desastroso, ou até mesmo o juiz interromper a partida muito antes do final.

10º Erro – Mulher TPM – Será que ninguém ensinou a palavra "silêncio" para as mulheres?

"Fale apenas quando souber que suas palavras serão melhores do que o seu silêncio."

Provérbio Árabe

Um estudo realizado pela psiquiatra americana Louan Brizendini revelou que, em média, as mulheres falam cerca de 20 mil palavras por dia, enquanto os homens falam apenas sete mil. Será que agora vocês entendem porque não gostamos de discutir a relação? É para não gastarmos toda a nossa cota diária em apenas uma hora.

Se uma mulher fala muito em qualquer dia, imagine na TPM. Infelizmente, ainda não inventaram nenhuma pílula para o mau humor da TPM feminina, mas existe um remédio caseiro, aquele dos tempos de nossos avós, mas pouco praticado hoje: o silêncio!

Quando ouvimos a conversa em uma roda de mulheres, o que sempre ouvimos é: "...mas e aí, o que você falou para ele? Você acabou com ele, né? Isso mesmo, fala o que ele precisa ouvir!" Eu nunca escutei uma amiga aconselhando a outra que esta deveria ficar quieta e não responder. Assim como em uma guerra, em uma briga de casal não existem vencedores, apenas perdedores. Uma palavra fere tanto quanto um tapa. O uso errado e frequente da língua é como um câncer que destrói aos poucos a relação.

Em geral, o sexo feminino tem o hábito de sentir culpa. Culpa por achar que não é a melhor filha do mundo, culpa por não ter sido a melhor aluna, culpa pelos relacionamentos que não deram certo e culpa por sentir-se culpada. Após uma discussão, o sentimento é o mesmo. Porém, esse sentimento não tem utilidade alguma. Errar é humano, mas insistir no erro é burrice. Acostume-se a dizer que nós não controlamos nosso sentimento, mas temos total controle sobre nossas atitudes.

Assim como em qualquer atividade de nossas vidas, atingiremos a perfeição com a prática. Se você sente que não está em um dia bom, procure falar o mínimo possível, mesmo que seu companheiro esteja errado. No dia seguinte, você expõe de forma calma seus argumentos. Assim como no namoro ou no casamento, são necessários anos para se construir uma fortaleza, mas em alguns segundos uma palavra do general do exército inimigo pode ordenar um ataque e acabar com tudo.

Anotem esta frase em um pequeno pedaço de papel e deixem dentro de seu estojo de maquiagem. Assim, pelo menos 37 vezes por dia vocês pensarão sobre este ensinamento: "O exercício do silêncio é tão importante quanto à prática da palavra."

11º Erro – Casal Adão & Eva – Acham que existem apenas os dois no mundo

"Lembre-se de que a melhor relação é aquela em que o amor entre os dois é maior do que a necessidade de um pelo outro."

Dalai Lama (Tenzin Gyatso)

Na prisão se encontram os seres mais perigosos e maus de uma sociedade. Mesmo trancafiados, alguns deles insistem em cometer crimes contra outros presos ou funcionários do presídio. Em tal momento, eles são castigados com o pior castigo que um ser humano pode ter. Não, eles não são agredidos, sua comida não é retirada e nem ao menos eles são humilhados. Simplesmente eles são colocados em uma cela individual apelidada de solitária. Neste local, eles *não têm* contato com absolutamente ninguém. Este é o pior castigo que alguém possa a vir a sofrer, pois nossa essência pede que nos comuniquemos com o mundo.

Porém, existem pessoas que, mesmo tendo a plena liberdade, insistem em criar um micromundo onde apenas duas pessoas habitam. São os chamados casais Adão & Eva. Este pode não ser seu caso mas, com certeza, é o de alguma amiga ou amigo seu. Não sei o que acontece, mas algumas pessoas começam a namorar ou casam e, simplesmente, parece que nunca tiveram amigos, como em um ato de egoísmo, como se apenas um bastasse ao outro.

O fato é que a relação é composta por *várias fases. A primeira delas, como todos sabem, é a paixão. Neste momento, o mundo literalmente para. Entretanto, haverá no* futuro altos e baixos, e quando estivermos caindo, quem irá nos segurar se não temos ninguém por perto? O mundo não é feito de dois. Parem de viver como na solitária de uma prisão. É preciso estar em plena comunicação com o mundo para fazermos uma autoavaliação.

Não permita que tanto o homem quanto a mulher leve você para a solidão. Se for uma escolha sua, tudo bem, mas seja coerente. Não vá procurar seus amigos apenas quando tiver se separado e estiver na pior.

Quantas vezes eu saí para jantar,e olhei para a mesa do lado e lá estava um casal que não trocou nenhuma palavra durante duas horas. Que coisa deprimente. Claro, chega um momento em que os dois ficam 24 horas juntos e não existe mais assunto para ser conversado. O casal Adão & Eva começa na paixão e termina na solidão, quando percebe que não tem mais ninguém a seu lado e se conforma com a situação. Vejam só, foi sem querer, mas rimou.

Sempre, em meus relacionamentos, fiz questão que a mulher saísse ao menos uma vez por semana com as amigas. É preciso que cada um de nós tenha um tempo para si. *É nes*se momento que sentimos saudades, refletimos sobre nossos erros, valorizamos nossos acertos e a pessoa que está ao nosso lado.

Como diria um antigo amigo do tio de um cunhado de meu primo, chamado Chacrinha: "Quem não se comunica, se *trumbica*."

12º Erro – Mulher Matemática – Vou ser a melhor mulher do mundo e ele me amará para sempre

> "Os homens dizem que adoram a independência numa mulher, mas não perdem um segundo para demoli-la, tijolo por tijolo."
>
> **Candice Bergen**

Sempre fui um apaixonado pela matemática. Ficava vendo o professor colocar um monte de x e y na lousa, mistura com o PI *(π)*, que até hoje lembro que vale 3,14 e desta conta toda saía um número. Ficava pensando como esta matéria é exata e como podemos mudar a posição dos fatores, e o produto não será alterado.

Quando fiquei mais velho, percebi que as mulheres haviam levado a matéria muito a sério e resolveram aplicar em suas vidas. A princípio, perfeito, pois provavelmente o resultado sempre seria exato. Porém, o ser humano é composto por emoções, medos, frustrações, euforias e momentos de total burrice. Este último defeito não combina em nada com a matemática. Mas alguma mulher ao redor do globo terrestre inventou a seguinte fórmula: S + A + M + M + D + M = EMAPS.

Traduzindo a álgebra para o português, significa que: vou ser a melhor mulher do mundo e ele me amará para sempre. Pelo amor de Deus, o sentimento ultrapassa o racional. Já tive mulheres que eram lindas, simpáticas, fiéis, faziam tudo por mim, mas eu não as amava e ponto final. Elas poderiam colocar um tapete vermelho por onde eu passasse ou me cobrir de ouro que esse sentimento *não mudaria*.

Mulheres do meu Brasil, parem de querer ser as melhores do mundo, as mais simpáticas, aquelas que sempre cedem nas discussões, as que est*ão* sempre disponíveis para qualquer coisa e as que aceitam tudo de bom ou de ruim de seus companheiros. Sejam simplesmente vocês. As pessoas que v*ão* amar vocês irão amá-las com todos os seus defeitos. Aliás, até de seus defeitos elas darão risada.

Quando tentamos ser alguém que não somos, vamos perdendo nossa essência e identidade, até que chega um momento em que nós mesmos não sabemos quem somos. Esta última frase ficou meio "enrolada", mas acho que dá para entender a mensagem.

Esqueci-me de falar mais uma coisa. As mulheres matemáticas, que acham que serão pedidas em casamento porque fazem tudo e mais um pouco por seu companheiro, na esperança de obter um amor que não existe, geralmente levam um "pé" de seu tão sonhado noivo. E, no fim da relação, ainda ficam com o péssimo sentimento: "Mas eu fiz tudo por ele e ele ainda assim me chutou. O que há de errado comigo?"

Não há absolutamente nada de errado com você. Apenas seja você mesma e espere sem ansiedade a pessoa certa. Só nos frustramos quando criamos expectativas. Vou terminar este capítulo com mais uma frase de efeito, daquelas que falamos quando estamos bêbados, mas pode confiar, pois não bebo.

"Quando criamos uma expectativa, ficamos reféns de algo que não está sob nosso controle."

13º Erro – Mulher Pomba – Adora viver de migalhas

"Aos miseráveis resta só um remédio: a esperança."

William Shakespeare

Quando era pequeno, fui muitas vezes para a casa de minha avó que morava no primeiro andar de um prédio em Santos e lá eu ficava observando-a alimentar as pombas na marquise com migalhas de pão que sobravam. Ficava pensando comigo mesmo que aquelas pombas eram tão simples, mas tão simples, que com uma simples migalha elas ficavam felizes. Aliás, elas passavam a vida toda apenas se contentando com aquilo e ainda ficavam felizes quando as recebiam.

Hoje, as pombas estão espalhadas por todo o mundo e realmente acredito que o comportamento delas esteja inspirando várias mulheres. Não, não estou falando da liberdade que este animal tem de poder voar e sempre achar o caminho de volta para casa. Estou falando das mulheres que se contentam em viver com apenas pequenas migalhas nos relacionamentos, sendo que a cada dia estas ficam cada vez mais escassas.

Acho que a velha frase *"é preciso se amar para depois amar alguém"* está ficando esquecida. Comprovo isso cada vez que vejo, em um relacionamento, o homem sendo mal educado com sua companheira, sem dar quase nenhum tipo de carinho e atenção, sem nunca perguntar se ela está bem ou precisando de alguma coisa e, quando uma vez por ano ele lhe lança um sorriso ou faz uma gentileza simples, ela considera o "máximo".

Mas o que é isso? Ele não está fazendo nada mais do que o papel dele. É obrigação de ambos tratar o outro com respeito, carinho, atenção. Ninguém é obrigado a ficar junto. Mesmo assim, há pessoas que insistem em viver sendo maltratadas e valorizando os mínimos bons momentos, como se fossem cobrir todos os outros buracos, as faltas.

Sinceramente, gostaria de saber aonde vocês pensam que este tipo de relacionamento vai conduzi-las? Ele vai acabar com você, com a sua autoestima, com seus valores, com suas amizades e, talvez, até com sua família. Um homem que não trata bem sua companheira não trata bem a família, não trata bem os amigos, pois ele não pode dar algo que ele não tem para dar ou, se o tem, é sofrivelmente.

Se você quiser continuar a viver como uma pomba e se contentar com isso, tudo bem. Mas saiba que, apesar de tudo o que você aguentou, será ele que irá terminar com você. Na loucura do torturador, é ele quem sempre precisa estar no controle da situação e será ele quem dispensará a sua presa, ou pior, minará toda sua alegria, felicidade, independência... todo o seu ser.

14º Erro – Mulher Monalisa – Linda, bem sucedida, independente, desejada e sozinha

"A realidade de certas coisas só é vista por olhos que choraram."

Henri Lacordaire

No atual mundo capitalista, o *ter* roubou o lugar do *ser*. Hoje em dia, ninguém mais sonha em primeiro lugar em ter uma linda família, todos querem primeiro ter um bom emprego e estabilidade financeira. Este desejo, tão almejado pelo homem, ganhou força entre as mulheres depois de elas queimarem os primeiros sutiãs. Nascia, então, uma nova geração de mulheres independentes que reivindicavam e obtiveram os mesmos direitos dos homens.

A princípio, tudo perfeito. As mulheres deixaram as cozinhas e foram para o mercado de trabalho, viraram empresárias e ganham tanto quanto os homens. Com seus supersalários arrumam o corpo, vestem-se com grife, viajam pelo mundo e frequentam os melhores lugares. Porém, quem não tem uma amiga exatamente assim, que já passou dos 30 anos e está sempre sozinha ou em relacionamentos que duram horas ou dias?

Costumo de dizer que, quando Deus fez a mulher, ele concedeu dez vezes mais paciência do que aos homens. Graças às mulheres, ainda existem famílias sendo formadas ao redor do mundo, pois são vocês quem sempre equilibram a relação. Pois bem, a partir do momento que o sexo feminino alcançou o sucesso e o respeito social em um mundo competitivo, por qual razão ela vai se envolver com qualquer um?

É exatamente assim que muitas mulheres pensam. *Quem* já não ouviu a seguinte frase: "Eu quero alguém que me acrescente, caso contrário, prefiro ficar sozinha." É óbvio que todos nós queremos alguém que nos acrescente. A grande questão é: você está pronta para conhecer alguém, se arriscar a sofrer, ceder algumas vezes e saber que nem sempre você estará com a razão?

A mulher bem sucedida quer ser chefe também no relacionamento, pois quando uma pessoa manda e a outra parte não contesta, não existe o risco de frustração. O fato *é que, no imaginário da mulher* Monalisa, ninguém é bastante bom para ela. Nenhum homem é tão bonito quanto ela, ninguém é tão inteligente quanto ela e ninguém é tão bem sucedido.

Além disso, o excesso é tão prejudicial quanto a falta. Todo homem quer uma mulher bonita e independente. E este perfil de mulher sabe disso. A facilidade de se encontrar um parceiro rapidamente faz que sua maior virtude em um relacionamento, a paciência, simplesmente desapareça.

Enquanto não reconhecermos nossas imperfeições, buscaremos no outro a utópica perfeição.

15º Erro – Mulher Quebra-cabeça – Sempre falta uma peça para completar

"Se você não sabe para onde está indo, provavelmente acabará em lugar nenhum."

Laurence J. Peter

Nos presídios do mundo todo, quando um preso não se comporta adequadamente, o pior castigo não é a tortura nem qualquer outra dor física. Ele simplesmente é colocado na solitária, ou seja, fica isolado dos outros, sem contato com absolutamente ninguém. Parece que algumas mulheres ficaram com medo desta punição e simplesmente procuram nunca estar sozinhas. Pode ser com alguém legal, chato, com gostos semelhantes, não importa, o importante é estar com alguém.

Quem não tem uma amiga que está sempre namorando? Pois é, acredito que nesses casos restam duas opções: ou ela sempre encontra um novo amor ou ela é carente mesmo. Na verdade, ainda não conheci nenhum caso que se encaixe na primeira opção, mas deve haver em algum lugar do planeta ou do universo.

Quando perguntamos para a pessoa sobre seu namorado, ela sempre explica que aquele já é passado, agora já está com um novo e este ela tem certeza que ama. A princípio, nenhum problema em namorar, afinal, a vida é para ser aproveitada. O problema é que a carência está diretamente ligada à autoestima e à insegurança, e isso, sem dúvida alguma, impactará em todos os relacionamentos.

Não existe uma relação saudável com uma pessoa desequilibrada emocionalmente. Um homem maduro e equilibrado não suportará uma relação na qual a mulher seja totalmente dependente dele ou tenha um ciúme anormal, o mesmo ocorrendo com as mulheres. No futuro, quando ela se casar, a necessidade de atenção constante do marido será transferida para os filhos e, assim, se forma um círculo vicioso, pois os filhos são, em grande parte, consequência da educação dos pais.

Uma vez, estava em minha casa de praia com um grupo de amigos e uma amiga simplesmente entrou em meu quarto, trancou a porta e começou a falar que eu era a pessoa certa para ela, que nós tínhamos "tudo a ver" um com o outro e que ela queria namorar comigo. Ela não estava fazendo uma declaração de amor, mas sim me colocando na posição de solucionador dos problemas da vida dela. Achei que ela estivesse com uma faca e fosse ser estuprado (risos).

Resolvi o problema com apenas uma frase: "Minha cara, não serei eu e, penso firmemente, nem ninguém, que resolverá seu problema. Só você pode resolver sua carência patológica."

Como estava em minha casa, disse firmemente que ela me entregasse a chave do quarto e falei para ela parar de agir daquela forma grotesca. Faz tempo que não falo com ela, mas se ela não se tratou, infelizmente nunca terá um relacionamento saudável.

Com a desculpa de que queremos encontrar um amor, vamos nos relacionando com o objetivo egoísta de suprir nossa eterna carência. Antes de jogar tênis em dupla, é preciso saber jogar sozinho.

16º Erro – Mulher Publicitária – Propaganda não é a alma do negócio

> *"O segredo das esposas que se querem fazer amar é de parecerem sempre amantes."*
>
> **Medeiros de Albuquerque**

Quando queremos seduzir alguém, a primeira atitude que temos é mostrarmos as nossas qualidades e escondermos os nossos defeitos. É por esta mesma lógica que funciona a publicidade. Quando uma montadora quer vender um carro, obviamente ela não conta que o freio deste é razoável e quem alguns barulhos *irão aparecer logo nos primeiros qui*lômetros. Esta "tática" está correta, pois se o nosso objetivo soubesse dos nossos defeitos, provavelmente a relação terminaria no começo ou nem teria um começo e isso inviabilizaria a mostra de nossas qualidades.

Vivemos em uma sociedade aonde todos querem passar a impressão de que estão bem, felizes, ricos, saudáveis e sem problemas. Olhem para o Facebook. Parece que ninguém tem problema. Eu mesmo já fui vítima de *"bulling"* (risos), pois todos pensam que eu não trabalho, não tenho problemas e que minha vida é apenas uma festa. Por diversas vezes sou obrigado a retribuir os elogios com o seguinte post: *Minha vida não é um mar de rosas, mas infelizmente não tem como eu colocar as fotos dos meus problemas. (risos)*

Esta mesma lógica acontece nos relacionamentos. Tanto a mulher quanto o homem fazem questão de contar para os amigos que estão saindo com fulano ou beltrana e que são o máximo. Ambos fazem questão de contar até como são na cama. O homem, apesar de ser mais instintivo e agir mais como um animal, em geral, respeita a amizade com o seu amigo e também a sua companheira. A mulher, apesar de ser mais sentimental, já não tem esta mesma fidelidade na amizade, tanto é que não são raros os casos de marido ou namorado que trai com a melhor amiga de sua companheira.

Eu, particularmente, podia estar me relacionando com a mulher mais linda que fosse que não contava para ninguém. Fiz isso desde adolescente e hoje tenho certeza que é a melhor atitude para preservar a relação. Porém, não é isso que acontece. A mulher, através de seu espírito competitivo, faz questão de sempre mostrar que está tudo perfeito e acaba falando mais do que deve.

Todas as mulheres querem arrumar o Ken da Barbie e quando elas percebem que a amiga achou, elas não se apaixonam pelo desta, mas sim, pelo tipo de relação que ela sempre quis ter, mas não tem. E no subconsciente, este homem não a fará sofrer, pois a amiga já testou e deu certo. Parece loucura, mas é exatamente assim que funciona.

Mulheres, quando acharem o homem da vida de vocês, não fiquem fazendo propaganda para as suas amigas, pois o sexo feminino é carente por natureza e o masculino tem a carne fraca. Esta combinação não pode dar em algo bom. Para finalizar, fica a seguinte pergunta: *Se você achasse uma mina de ouro no terreno da sua casa, você sairia contando para todo mundo?*

17º Erro – Mulher Apneia – Não deixa o homem respirar

> "Liberdade é sempre perigosa, mas é a coisa mais segura que temos."
>
> Harry Emerson Fosdick

Logo que nascemos, a primeira coisa que o médico faz é cortar o cordão umbilical. Neste momento, apesar de dependentes de nossa mãe, ganhamos a liberdade e uma identidade própria e única. Tendo este princípio básico, de que não necessariamente precisamos de mais uma pessoa junto de nós para sobreviver, só devemos juntar a nossa vida a de outra pessoa se realmente houver muito mais do que amor. É preciso haver respeito, cumplicidade, paciência e principalmente respeitar a individualidade do outro.

Porém, não é isso que ocorre muitas vezes. Assim como uma criança mimada que não empresta seu brinquedo para ninguém, algumas mulheres, a partir do momento que começam um relacionamento se sentem donas de seu parceiro. Ligam diversas vezes ao dia, querem satisfação de tudo, implicam com qualquer coisa e *têm* ciúmes até de um homem de cabelo comprido.

O pior de tudo é que existem homens que apenas namoram e casam com este tipo de mulher, pois esta é o complemento da loucura deles. É a famosa loucura compartilhada. Este tipo de relação sempre tem dois finais. No primeiro, ambos permanecem casados para a toda a vida. Exatamente. Mas são felizes? Não, claro que não. Um passa a suportar o outro e ambos têm medo de terminar. Na segunda situação, o homem aguenta, aguenta, aguenta e num determinado dia ele simplesmente termina e não volta nunca mais, pois a sensação de alívio é tão boa que passa por cima da sensação de carinho e dos bons momentos. Afinal, ninguém suporta uma pessoa sufocando você 24h por dia. Até na hora de dormir esta mulher fica agarrada como se você pudesse sair voando.

A solução é simples. Seja através de terapia, livros de autoajuda ou palestras motivacionais, a mulher primeiro precisa resolver o problema com ela, para depois conseguir ter um relacionamento saudável.

Nunca se esqueçam. O homem é como um parafuso. Se deixar muito frouxo ele escapa, mas se apertar demais, ele espana. É que como na claustrofobia: *não há respiração boca a boca que ressuscite um relacionamento sufocante.*

18º Erro – Mulher Museu – Se ex fosse um problema, ela não seria ex

> *"As pessoas entram em nossas vidas por acaso, mas não é por acaso que elas permanecem."*
>
> **A. Destoef**

Costumo dizer que o homem ou a mulher só pode terminar e voltar uma única vez. A partir disso, perde-se o respeito, os valores, os princípios e além de uma relação doente, fica uma relação desproporcional, onde um gostará muito mais do que o outro, ou melhor, será mais viciado no outro.

Como o ser humano é carente e inseguro, a maioria das relações *é* do tipo ioiô, ou seja, vai e volta *várias vezes*. *Não porque se gostam, mas porque não acharam nada melhor e temem ficar sozinhos.* Porém, este fato tem uma coisa boa. *Quando terminam de vez, significa que a situação ficou insustentável e provavelmente um não pode nem ver o outro na frente.*

Mas não é assim que a atual pensa. Ele sempre está preocupado se a ex ligou, se a ex frequenta aquele lugar ou se a ex está tentando entrar em contato de alguma forma. Quanta energia é desperdiçada com algo tão inútil. Neste momento, entra também o homem maluco, que no fundo adora o ciúme da mulher, como se isso fosse uma prova do gostar.

Repare entre seus amigos e perceba que os homens ou as mulheres sempre encontram o mesmo perfil de relacionamento. Sempre existe aquela pessoa que só se relaciona com pessoas ciumentas, possessivas, depressivas ou malucas em geral. Ninguém erra dez vezes a não ser que queira errar. Quando vemos o nosso amigo ou amiga em uma roubada, ficamos com raiva da companheira ou companheiro dessa pessoa, quando na verdade o problema está com quem escolhe. Posso dizer que todo louco procura alguém para alimentar a sua loucura.

Voltando ao assunto ex, não perca seu tempo se preocupando com algo que é extremamente improvável de acontecer. Isso e mais um monte de outros erros, desgasta a relação e com o passar do tempo, provavelmente um não conseguirá olhar na cara do outro e o sentimento de tristeza dará lugar ao sentimento de alívio.

Acredite, se ex fosse um problema, ela não seria ex. Sabe por que dificilmente alguém tem saudade do emprego antigo?

Pois existem duas possibilidades para uma pessoa não estar mais na sua ex-empresa. A primeira é porque foi demitido e, portanto, uma grande mágoa ficou. A segunda, é porque a própria pessoa quis sair, seja lá pelo motivo que for. Pode até ter ficado um bom sentimento, mas não forte o bastante para voltar a trabalhar naquele lugar. O ser humano, principalmente o homem, gosta da novidade. Não é a toa que o homem é Petrobras e o desafio é a nossa energia.

Mulheres, fica a seguinte pergunta: *A ex do seu companheiro é tão importante na sua vida a ponto de você perder algumas horas do ano falando dela?*

19º Erro – Relacionamento Ioiô – Vai e volta mais de mil vezes

> *"Para mover-se, é preciso que você saiba para onde ir, tanto no dia a dia quanto em relação ao rumo de sua vida. A fim de viver uma vida boa é preciso que você saiba para onde a vida leva."*
>
> **Conde Leon Nikolaievitch Tolstoi**

Hoje em dia todos falam apenas no vício das drogas, em especial do *crack*. Deveriam falar também daqueles que quando crianças sofreram *"buillyng"* e ficaram viciados em Ioiô, bumerangue, e a gritar em túneis, apenas para ouvir o eco indo e voltando (risos). Este tipo de vício é extremamente prejudicial na vida adulta, quando este migra para a vida sentimental e se transforma no relacionamento ioiô, aquele que termina e reata pelo menos 10 vezes.

Acredito que o relacionamento que *dá certo é aquele em que ambos têm* os gostos iguais, mas os gênios diferentes. Entretanto, as pessoas colocam o gostar na frente de tudo, como se apenas isso bastasse. Quantas vezes você fala para uma amiga sua que determinado homem não tinha nada a ver com ela. O que ela fez? Simplesmente não ouviu ninguém, apenas o seu coração e foi levando.

No começo, todo mundo mostra apenas o que quer mostrar, mas com o tempo e a convivência as mascaras vão caindo e as pessoas se revelando. Quando menos se espera, ambos estão vivendo em uma prisão psicológica, onde embora estejam sofrendo, nenhum dos dois tem a coragem de terminar.

Em um determinado momento, a situação ficará insustentável e um dos dois não terá outra saída a não ser pedir um tempo. Em alguns casos é a mulher, pois quase sempre o problema é o homem. Em outros, é o homem, pelo simples motivo da mulher não ter coragem de tomar a atitude. Como em qualquer rompimento, existe o sofrimento, mas nem todo mundo quer passar por esta fase, embora sempre cresçamos durante este período, afinal, se não avançamos pelo amor, vamos pela dor.

Para acabar com este sofrimento, ambos *têm* a brilhante ideia: voltar o namoro. Isso acontece, pois é mais fácil ficar em um porto seguro, onde já sabemos por tudo o que iremos passar, mais uma vez, claro, do que buscar novos mares. Isso se chama insegurança. Começa aí o prolongamento de um processo de infelicidade. A partir deste momento, o respeito é abalado, as cicatrizes ficam e o gostar fica desproporcional. Um começa a gostar mais do outro e geralmente quem gosta menos assume o comando da relação, pois age mais com a razão do que com a emoção.

Na matemática aprendemos que se os fatores são sempre os mesmos, não tem como o produto ser diferente. Cada vez que se termina e volta o relacionamento, mais viciados naquela loucura os dois ficam. A cada retorno, promessas de que ambos irão mudar e tudo será diferente voltam *à* tona, mas tudo é revelado após algumas semanas de convivência.

Enquanto perdemos tempo com pessoas que sabemos que não farão parte do nosso futuro, deixamos passar bem do nosso lado pessoas que nos fariam felizes no presente.

20º Erro – Homem Mágico – Ele simplesmente sumiu depois da primeira vez

> *"O medo sempre resulta da ignorância."*
>
> Ralph Waldo Emerson

Queria muita participar do projeto genoma, aquele que está empenhado em mapear os 80 mil genes que formam o DNA de nossas células. Com certeza, em um destes genes, deve ter um cromossomo chamado culpa, pelo menos no das mulheres. A mulher é especialista em se sentir culpada. Se ela é assaltada na esquina, a primeira coisa que ela pensa é: Como eu fui burra por sair como a minha bolsa, enquanto deveria pensar que a culpa é da cidade onde vive que é violenta.

Toda relação, pelo menos as normais, começa primeiro com um beijo. Porém, costumo dizer que a dificuldade não está na primeira vez, mas sim, se terá uma segunda vez. Jamais se esqueça que o homem é movido pelo desafio e quando ele acha que já conquistou tudo, não tem mais nenhum objetivo para correr atrás.

Porém, se você saiu a primeira vez, ficou com o homem, não demonstrou que ficou apaixonada, não fez nenhuma baixaria, não estava com mau hálito e, mesmo assim, depois disso ele simplesmente sumiu, acalme-se, a culpa não é sua. Na verdade, não existe uma única explicação para o que pode ter acontecido.

Uma vez, conheci uma mulher em uma danceteria e nós ficamos. Sei que fiz uma noite maravilhosa para ela, a tratei super bem e com respeito, até em cima da cabine do *dj nós dançamos. Assim que cheguei em casa, mandei uma mensagem pelo celular e ela simplesmente não respondeu. No dia seguinte liguei e ela não atendeu. O que qualquer pessoa pensaria? O que será que eu fiz.*

Mas não foi isso que eu pensei. Proporcionei uma noite maravilhosa e o problema está com ela e não comigo. Existe pelo menos um milhão de possibilidades para ela ter sumido. Ela poderia ter um namorado, poderia ter gostado tanto que ficou com medo, poderia apenas estar a fim de curtir por uma noite ou mais um monte de poderias. Não cabe a eu tentar adivinhar qual era o problema dela. O que não podemos é nos culpar pelos problemas dos outros.

Resumindo, não existe um único motivo para um homem sumir. O importante é você ter a certeza de que fez tudo o que estava ao seu alcance e tocar a vida para frente. Ficar esperando que alguém que não é para você lhe dê valor é tão provável que aconteça quanto o Pelé voltar a jogar na seleção brasileira.

21º Erro – Mulher Manicômio – Procura um companheiro semelhante para ter com quem dividir a loucura

"Não é a dúvida, mas a certeza que torna louco."

Friedrich Nietzsche

Observe seus amigos e veja que alguns têm o famoso dedo podre, ou seja, sempre escolhem pessoas problemáticas e consequentemente os seus relacionamentos vão para o mesmo caminho. Como somos parciais em nossas opiniões, julgamos e condenamos sempre a outra pessoa, pois amigo nosso não tem defeito.

Porém, se analisar com mais frieza perceberá que aquela pessoa não se relaciona uma vez ou outra com um problema. Ela se relaciona sempre com um problema. Se você é uma daquelas pessoas que diz: "Eu sempre escolho errado", cuidado, você pode ser uma delas.

O que ocorre neste tipo de caso é que o ser humano sempre precisa de alimento. Seja o alimento físico ou o psicológico. Por exemplo, uma pessoa apaixonada por desafios sempre empreenderá novas situações no trabalho, praticará esportes radicais ou achará um outro alimento para suprir a sua necessidade.

Inconscientemente é a mesma coisa que acontece num relacionamento. Se você é uma pessoa que está acostumada com a briga, a discórdia, com relacionamentos conturbados, talvez por ter vivido isso dentro de casa na sua infância, você sempre procurará pessoas que possam alimentar a sua loucura. Caso apareça uma pessoa muito tranquila, equilibrada você logo perderá o interesse por ela. Provavelmente, quando suas amigas tecerem elogios e perguntarem por que você não está mais com o fulano, provavelmente sua resposta será sempre a mesma: "Ah, sei lá, ele não tinha nada a ver comigo. Não tínhamos química."

Antes de casar, ter filhos e construir uma família, observe se você sofre deste mal e se não está procurando um problema, e não um(a) companheiro(a). Caso contrário, você sempre terá relacionamentos conturbados.

Procure primeiro ser feliz sozinha. Assim, você estará com uma pessoa por uma questão de escolha e não de necessidade.

22º Erro – Mulher Morcego – Adora quando o homem liga de madrugada

> *"Você é o mesmo hoje que será daqui a cinco anos, exceto por duas coisas: as pessoas com as quais você se associa e os livros que você lê."*
>
> **Charles Jones**

Desde pequeno, os brinquedos dos homens são os carros, os super-heróis, as armas. Isso leva o homem a ser sempre preparado para o desafio, para caça. Em contrapartida, o brinquedo das mulheres é a boneca, o bebê, a casinha e a Barbie, ou melhor, o Ken e a Barbie. Isto quer dizer que a mulher sempre é criada para ser mãe e para casar. Porém, ela idealiza um tipo de relacionamento, um tipo de atitude, um tipo de caráter e um tipo de homem que dificilmente aparecerá. Porém, a mulher quando encontra qualquer parceiro, tentar mudá-lo para ser o que ela sempre sonhou ou pior, faz qualquer atitude dele se encaixar naquilo que ela julga ser o ideal para si.

Como exemplo básico da diferença de personalidade entre os dois sexos, o homem mente o amor para conseguir sexo e a mulher mente no sexo para conseguir amor. Não é por acaso que a mulher desconfia quando recebe algum presente do seu companheiro. Imediatamente uma luz amarela se acende. Porém, isso não acontece sempre.

Que mulher não recebeu uma ou diversas ligações de madrugada do seu parceiro? E qual foi a reação? Atender imediatamente e ouvir belas palavras. Na verdade, a mulher que faz isso só está contribuindo para um comportamento nocivo. Nenhum homem descobre às 2h da madrugada que a mulher que está com ele é o seu grande amor. O homem só liga para a mulher de madrugada, pois está carente, ou bêbado, ou acabou de fazer uma besteira ou tentou fazer uma besteira e não conseguiu, ou ainda uma combinação de todas as alternativas anteriores.

Portanto, mulheres, saibam que, além da falta de educação, nunca um homem ligará de madrugada por um bom motivo. Se for uma emergência, tenha a certeza de que não é para você que ele ligará. Aprendam: Jamais atenda uma ligação de um homem de madrugada, retorne a mesma somente no fim da tarde do dia seguinte e ainda explique educadamente que aquela atitude além de falta de educação, atrapalha seu sono e lhe deixa preocupada. Cada um é responsável por suas atitudes e deve pagar o preço de suas ações. Algumas horas de angústia e carência na madrugada é um preço barato se comparado ao tamanho do erro cometido.

23º Erro – Mulher Réveillon – Passa sempre em branco as datas marcantes

> *"Não basta dizer: enganei-me; é preciso dizer como nos enganamos."*
>
> *Claude Bernard*

Pare por alguns segundos e imagine que hoje é 23h55m do dia 31 de dezembro. Com os olhos fechados imagine no que você já pensou nas vésperas da virada do ano. Com certeza um espírito de esperança tomou conta de você, reflexões de erros cometidos vieram à tona e promessas de mudanças e novos projetos se renovaram. Entretanto, perceba que o dia 31 dezembro é um dia como outro qualquer. O mundo continua girando como todos os dias e o relógio continuaram passando o tempo. O que muda neste dia é a sua ótica de ver a vida, o passado, o presente e o futuro. Agora imagine que um ano não tivesse mais 365 dias, mas sim, o tempo fosse contado progressivamente, sem pausas. Concorda que a vida seria muita mais desanimada e sem esperanças?

É este mesmo conceito, que cada um de nós experimenta todos os anos e já provou para cada um de nós que é eficaz que devemos levar para a nossa vida sentimental. Cada data importante do relacionamento deve ser comemorada. Talvez, você pense, mas meu relacionamento não está bom, não tenho o que comemorar. Esta visão de que não existe nada para comemorar já está o primeiro erro. Quando estamos dentro do problema, colocamos uma lente de aumento sobre ele e uma lente de diminuição em tudo o de bom que já aconteceu. Por isso, é preciso dar uma pausa, assim como no Réveillon, para comemorar as vitórias que já foram conquistadas, conversar sobre os sonhos e principalmente sobre as novas ações práticas que serão tomadas por cada um.

Quanto mais pausas vocês derem, melhor. É possível comemorar quando se conhecerem, quando foi o primeiro beijo, o início do namoro, noivado e assim por diante. Talvez você não quisesse comemorar diversas datas, mas pelo menos uma em todos os anos tem que ser um ritual a ser seguido para o benefício dos dois. Aconteça o que acontecer, sempre no dia X definido por vocês, haverá uma viagem, um jantar ou o que a criatividade alcançar.

A mulher que deixa passar as datas marcantes em branco, perde a chance de colorir o seu relacionamento que pode estar monocromático.

24º Erro – Mulher Ímã – Os opostos se atracam

"Não corrigir as próprias falhas é cometer a pior delas."

Confúcio (Kung-Fu-Tse)

Depois da dúvida que atormenta a todos há milênios, quem nasceu primeiro o ovo ou a galinha, vem a segunda maior dúvida: Qual a fórmula para ser feliz no relacionamento?

Na verdade, ninguém nunca encontrará esta fórmula, pois não existe uma única fórmula. Existem diversos casais que encontraram diversas maneiras de serem felizes. Porém, alguns pontos em comum podemos encontrar na maioria dos relacionamentos que deram certo: Os gostos iguais, mas com os gênios diferentes.

Talvez você se pergunte se realmente isto funciona. Volte um pouco no passado e lembre-se dos relacionamentos em que você teve e era exatamente o contrário: Os seus gostos eram diferentes, mas os gênios iguais. Se você é uma pessoa com o gênio forte e impulsiva e o seu parceiro for igual o que acontecerá na primeira faísca? Provavelmente vocês quase irão se matar. E se os gostos forem diferentes, o que acontecerá? Sempre haverá um desencontro de vontades e o estopim para a briga.

Eu, por exemplo, sou uma pessoa que adora esportes radicais, praia, festa, sair para jantar. Imagine que eu me apaixonasse por uma mulher que gosta de ficar em casa, que não gosta de praia, nem de esportes. Qual seria a chance desta relação dar certo? Por isso, não deixe a paixão se sobrepor à razão pois, assim como a droga, a euforia da paixão acaba e o que fica é o amor e a amizade.

O que observo é que as pessoas começam um relacionamento sem analisar absolutamente nada, nem compatibilidade de gênios, nem gostos, vão se envolvendo, apaixonam-se e depois da paixão vem o vício de um pelo o outro, o que é muito distante do amor. Apesar de saberem que um nunca dará certo com o outro, continuam levando a relação pelo simples medo de terminá-la. Na pior das hipóteses, seguem ao ápice do casamento e dos filhos, até chega um ponto em que um simplesmente tenta suportar o outro até quando aguentarem.

A mulher cara-metade fica tentando encontrar no outro a felicidade que nunca encontrará. Ninguém nos faz feliz. Nós somos felizes ou infelizes sozinhos e a segunda pessoa vem para participar da nossa felicidade. Tentar encontrar uma 2ª pessoa para servir de bengala do nosso vazio é tão eficaz quanto postar fotos felizes na internet para enganar a solidão!

25º Erro – Mulher do Tempo – Se o homem lhe pedir "um tempo", agradeça e aceite

"A mais grave das faltas é não ter consciência de falta alguma."

Thomas Carlyle

Seu namorado, amante ou "rolo" a convida para conversar e insiste que seja em um local público para não haver escândalo e daí, de repente, ele diz: "o gato subiu no telhado!", "preciso de um tempo", ou "você é muito boa para mim!", ou, ainda, "eu não a mereço!"

Isso sem consideramos a recente onda de homens que simplesmente não ligam ou nem avisam, simplesmente "desaparecem" e, em alguns casos, terminam "até por telefone" ou via mensagem de texto do celular, por medo de demonstrar suas fraquezas e incapacidade de ser responsável por algo.

As estatísticas mostram ainda que, como diria Paulo Gaudêncio: "O homem é igual a Tarzan: só muda de cipó quando já arrumou outro cipó." Na maioria das vezes, quando esse homem termina, principalmente o inseguro e egoísta, prefere somente terminar o namoro quando já pré-iniciaram com uma outra pessoa. Assim diriam os especialistas em investimentos: esse homem estaria reduzindo o "risco" da perda e da possibilidade de ficar sozinho.

É por isso que, na maioria das vezes, o homem já está casado ou "ajuntado" com outra mulher dois anos após um divórcio.

O lado otimista de ouvir esta frase, "vamos dar um tempo", é que a pessoa, você gostando ou não, está tentando ser honesta. E, direta ou indiretamente, ela já está mostrando a você que tem duvidas sobre o relacionamento de vocês. E ninguém merece a dúvida de ninguém.

Agora, será que a solução seria tentar "entrar" garganta abaixo e forçar alguém a ficar com você? Nunca. Isso seria uma espécie de ditadura, em nada relacionado ao amor, em uma relação saudável e democrática.

Nem sempre é possível ter certeza de tudo, mas temos de evitar ao máximo "brincar" ou "jogar" com nosso tempo ou o tempo dos outros.

Portanto, na maioria das vezes, os homens irão se arrepender após uma decisão errada, porém, não queira ser você a forçar a decisão dele. Cabe a você apenas mostrar a ele seu amor e seu diferencial, o restante, cabe a ele decidir no que diz respeito a ele e não a você.

Se porventura ele demorar a decidir, não é seu problema, siga sua vida, relacione-se com outra pessoa que responderá mais e melhor a suas necessidades, não ficando a mercê de alguém que quer apenas o melhor para si, sem pesar todos os lados da relação, pois nenhuma relação é perfeita e apenas um homem maduro e inteligente saberá refletir sobre si mesmo e sobre vocês, sem, tal qual Tarzan, ir de cipó em cipó, sem parar em relacionamento algum.

Eles sempre terminam com você? Aprenda a terminar também quando algo não for bem. Afinal, mulheres que nunca ficam solteiras, se assim desejarem ou não, podem se ver como "encalhadas" se assim o desejarem. Não lute por um homem que pediu um tempo.

100 Erros que as Mulheres Cometem achando que estão Acertando

26º Erro – Mulher Gostosa – Ser "gostosa" é apenas uma das variáveis

"Prefiro corrigir meus erros a fingir que eles não existem."

Nathaniel Branden

Concluímos que os homens passaram por várias fases ao longo da história. Como por exemplo, quando o homem conquistava a mulher pela obtenção do dote, depois a supervalorização da virgindade, depois a importância da beleza... e agora? O que a mulher moderna tem de fazer para manter e cativar um homem até que a morte os separe? A partir do momento em que você realmente descobre como é seu homem, e que ele vale a pena, é responsabilidade de cada uma de vocês buscar essas características intangíveis e invisíveis para fazer os olhos de seus homens brilharem diariamente. E, obviamente, cobrar a parte deles também para merecê-*las*.

Um amigo meu tem uma academia de ginástica em Brasília e, certa vez, perguntou para uma jovem de 14 anos o que ela queria ser quando crescesse. Ela simplesmente respondeu para ele: *quero ser "gostosa"!!!*

Daí eu questiono: será que um homem interessante do jeito que qualquer mulher imagina casaria com uma mulher só por ela ser "gostosa"??? Isso ele poderá ter e ficar com várias, mas para relacionamento sério, já é outra história.

Lógico que cada homem avaliará a mulher de uma forma, dependendo de seu nível intelectual e segurança emotiva. Há homens que temerão as mulheres independentes, mas há também os que só as busquem. Há homens que fugirão das mulheres que nem sabem cozinhar, enquanto que outros verão isso como uma simples atividade que se pode terceirizar.

Onde quero chegar? Primeiro, é obrigação de qualquer mulher saber o que deseja e espera de um homem, caso contrário, qualquer um servirá. Sem falar que muitas mulheres inteligentes, independentes e fortes se perdem e entregam totalmente a homens que não combinam com elas, sendo apenas "gostosos".

Os homens não ligam por algumas celulites ou estrias, mas se importará muito com o péssimo senso de humor da mulher, a disposição de sempre ficar cobrando e avaliando, e não deixando também a relação ter momentos livres nos quais amantes se tornam, também, parceiros.

As mulheres têm o carinho e o amor intrínsecos em seu "DNA", mas não estão tendo o devido controle ou conhecimento de como administrar esses dons. Com isso, os homens, em um efeito colateral, não estão aprendendo, assim como seus filhos, o que é preciso realmente para agradar a uma mulher: é ser apenas "gostoso"?? Maravilhoso na cama? Ser rico? Ser inteligente? Emotivo? Espiritualizado? Ter "pegada"? O que seria?

E tudo isso para quê? Ele só fará essa evolução se realmente admirar uma mulher e achar que vale a pena, caso contrário, ele investirá apenas o necessário para uma conquista de uma noite.

A mulher do século XXI tem ainda de descobrir qual é sua "moeda de troca", sem querer ofender, para os novos tempos.

27º Erro – Mulher Agrada a Todas – Fuja de agradar somente suas amigas

> *"Nada pode tornar a alma de uma pessoa mais suave do que a compreensão de sua própria culpa e nada pode tornar um indivíduo mais duro do que o desejo de estar sempre certo."*
>
> **Talmude (livro de doutrina e jurisprudência)**

Costumo observar e ver que muitas mulheres ou jovens que ainda não conquistaram sua independência emocional ficam mais preocupadas em agradar as amigas, os parentes, do que a elas mesmas.

Há tantas jovens que casaram cedo somente para agradar suas mães e tias, afinal, elas não poderiam ficar para "titia". Porém, quem irá conviver no casamento a dificuldade do dia-a-dia não serão suas mães, mas elas.

Acho que todos os amigos e pais querem nosso bem, porém, cedo ou tarde, temos de escutar nossa inteligência emocional e espiritual para sabermos como escolher quem ficará ao nosso lado.

Quanto mais se vive, mas se aprende a decidir. Nossos amigos, pais e nós mesmos ficamos cada vez mais seguros quando aprendemos a ser mais imparciais para julgar em uma determinada situação quem seria o principal responsável pelo problema, nós ou a outra pessoa.

A mulher não pode perder a intuição do que é bom para ela, contudo, muitas mulheres perderam esse bem precioso e estão deixando suas escolhas serem baseadas apenas em meios materiais e exteriores, *não mais* sabendo como "entrevistar" e selecionar um homem, tornando-se mais importante a opinião das amigas. Daí, o "ego" delas estar tão inflado, em detrimento da satisfação do "amor".

Cada um de nós é como um armário cheio de gavetas. Sempre que possível, temos que ir lá e arrumar nossas gavetas. Cada um arrumando as suas próprias e não esperando que alguém venha para fazer isso por nós. Temos de limitar nossos desejos, contentando-nos com o necessário e não inventando mais e mais desejos só para agradar elemento externo. Temos de limpar nossa gaveta de expectativas falsas ou desleais. Tirar a poeira da gaveta que possa conter agonias ou angústias, resultado de não se viver no presente, mas apenas no passado ou no futuro.

Há muitas jovens que já compraram até o vestido de noiva, mas não *têm* o namorado. E quando encontram o namorado ou candidato, jogam nas costas deles todas as suas expectativas ou até "salvamento" para agradar a família ou sociedade. Na verdade, elas têm de agradar a elas e a mais ninguém.

28º Erro – Mulher Sonhadora – Pare de procurar a cara-metade ou a alma gêmea

> *"Os homens sentem mais necessidade de curar as suas doenças do que os seus erros."*
>
> **Condessa de Ségur**

Se entregar e não se entregar a uma relação pode ser perigoso, já disse a psicanalista Regina Herzog.

Por outro lado, ficar por aí procurando uma "cara-metade" pode ser mais perigoso ainda, pois talvez você esteja procurando a você mesmo. Isso não seria um pouco narcisístico?

Sou a favor de procurarmos um par que esteja na "fase gêmea", que olhe e esteja indo para a mesma direção, e não para a oposta. A humanidade teve várias dezenas de anos para mostrar que aquele ditado "os opostos se atraem" nada mais é do que uma perda de tempo no que diz respeito aos relacionamentos e não às leis da física.

Afinal, são as similaridades que fazem o relacionamento crescer nas mais diversas dimensões: a espiritual, a emocional, a material e qualquer outra que possa nos vir à mente.

Essa proposta pode soar comum para certo grupo de mulheres, porém, propor isso para uma mulher co-dependente que acredite mais em um "encaixe" forçado de almas incompatíveis, mais em um milagre de Deus que enviou um príncipe encantado perfeito somente para ela, para que tratasse bem dele, sem estudar, procurar evoluir ou entender o que seria uma inteligência emotiva.

É claro que acredito que todo ser humano quer a mesma coisa, porém, cada um define a ordem com o qual deseja tal coisa. Logo, caberia a uma mulher interessada em um determinado homem identificar em que fase ou direção esse homem está conduzindo sua vida e ela deverá avaliar se vale a pena criar algo junto com ele.

Sabemos que a maioria dos homens evolui graças *à* participação de uma mulher, seja ela amiga, namorada, esposa etc., porém, muitas mulheres ficam meses, anos, esperando que alguém esteja em uma fase correta. Acredito que não seja este o caminho. Podemos ajudar alguém sim, mas somente se a pessoa estiver interessada. Caso contrário, aguarde um tempo, priorize-se e vá embora. A falta é de quem espera.

Isso porque pode ocorrer, depois de certo tempo, quando há a separação de um casal, a mulher falar: ele acabou com minha vida, ele fez tudo para a vida dele e eu não fiz nada com a minha. Prometeu-me noivado e nada.

Note que é a maturidade que fará essa evolução acontecer para *não mais* se procurar por almas gêmeas, mas, sim, fases gêmeas. Contudo, muitas mulheres começam a aprender isso depois de vários "foras" ou "tocos". A palavra de ordem agora é aprender sempre, sem responsabilizar o novo pretendente pelas más escolhas do passado.

29º Erro – Mulher Preguiça – Fuja de homem preguiçoso

"Ter defeito não é o maior defeito. O maior defeito é não tentar corrigir o que pode ser corrigido."

Anônimo

A natureza não permite "preguiça". Todos devem evoluir. Os que possuem belas "bundas" ou belos músculos devem evoluir para terem sabedoria intelectual também, bem como os "apenas amigos" podem desenvolver suas habilidades sociais para serem desejados fisicamente.

Só que além de seres humanos, somos mamíferos e a biologia, mais especificamente a zoologia, diz que há um "lado caçador" dentro de cada um de nós. Nosso orgulho e amor próprio talvez estejam em jogo. Talvez seja isso que explique por que preferimos ir à "caça" em busca também de nosso parceiro ou parceira conjugal, do que simplesmente investir em alguém que já esteja "ali" logo ao lado, sem que o esforço e o prazer sejam os mesmos despendidos em uma "caçada" desconhecida.

Até ai, tudo bem. Talvez a biologia/zoologia explique um pouco disso, só que na prática e na caça do "amor", no final das contas, o que está prevalecendo em nossas cidades é a caça estar escolhendo o caçador e não o contrário, como se acreditava.

Logo, para reflexão, é impossível termos sucesso nessa "caçada" se não soubermos para onde ir, que armas utilizar e nem o que queremos no curto, médio e longo prazos.

Isso me faz lembrar dois ditados populares: Não é que "estamos num mato sem cachorro", o problema é que a maioria está "correndo atrás do próprio rabo", sem respeitar as lições aprendidas no passado.

Muitos homens foram "treinados" ou "não treinados" apenas para conquistar, mas não para manter a conquista. Cabe, então, *à* mulher com quem um desses homens está convivendo ajud*á-lo* no aprendizado de forma m*ú*tua. Todo esforço que esse homem fez na conquista tende a desfazer-se no médio longo prazo, pois, na visão dele, ele já conquistou e não precisa fazer mais nada. A mulher deverá alertá-lo que não, mostrando ao parceiro que "não é bem assim", que o amor exige investimento diário de atenção e cuidados especiais, caso contrário a rotina será a primeira responsável na destruição desse tal "amor" que se achava existir entre o casal.

Uma das melhores formas de acabar com a preguiça do homem é atuar como um exemplo; mostre como gostaria de ser presenteada ao presenteá-lo. Caso ele acostume a não retribuir, comece a sinalizar do risco que ele corre de perdê-la.

Deixe, também, bem claro que não importa se ele trouxe apenas uma rosa ou a levou para um final de semana em um iate, mas mostre que o que vale é sua criatividade em querer investir e reinventar a relação dos dois.

30º Erro – Mulher Alice – Domine suas fantasias

> *"Aqueles que não se lembram do passado estão condenados a repeti-lo."*
>
> **George Santayana**

As Fantasias são como Fantasmas na vida da Mulher, por exemplo, quanto maior a festa de casamento, menor o tempo de sua duração, assim diz um ditado popular.

Os dados mostraram que há mulheres tão "viciadas" em fantasias e que precisam delas para viver, se tornando o combustível de suas vidas. E, como uma entrevistada disse: "Essas mulheres *têm* 'alergia' *à* realidade, daí elas convivem com suas 'mentiras intimas'. Tempo esse que pode perdurar meses a anos."

Essas mulheres criaram suas fantasias, suas falsas projeções, expectativas acima do possível etc., etc., e quando dá tudo certo, elas assumem que foram as responsáveis pelas escolhas, porém, quando dá errado, preferem jogar a "culpa" em um cupido ou em um "destino" criado por um deus imaginário, conveniente para suas desculpas.

A cantora norte-americana Lauren Hill disse certa vez: "Sim, nós queremos a fantasia, mas o que precisamos mesmo é da realidade para nos salvar de nós mesmos."

Há muitos homens interessantes pelo mundo, querendo relacionamentos *sério*s, mas que este vá evoluindo naturalmente. O problema é quando a mulher não tem vida própria e joga às pressas todas as suas expectativas nas costas do homem. Daí, em pouco tempo, ele fica em uma encruzilhada: "eu invisto nela, mas sempre tem de ser no tempo ou do jeito dela? Acho que não."

Da mesma forma que as fantasias têm seu lado bom de nos conduzir para grandes projetos e realizar ótimos sonhos, há o risco também de querermos forçar alguém a participar de nossas fantasias sem que a pessoa esteja na mesma vibração ou possua os mesmos interesses.

Daí a questão da mulher viver sua própria vida para saber como separar o que ela *é como* ser humano e que tem de conquistar sua independência e sua realidade sozinha, independente de seu parceiro. Homem nenhum tem de preencher "vazio" da vida de alguém, mas, antes, acompanhar e compartilhar experiências.

Podemos encontrar, tanto em mansões milionárias como em casas humildes, mulheres inteligentes sendo dominadas por suas fantasias.

É como se elas estivessem jogando uma partida de ping-pong com seus namorados ou maridos. Elas dão o "ping" e se o "pong" não vem, elas "*à* força" correm para o outro lado da mesa, e d*ão* o "pong" da forma que gostariam, no lugar de seus companheiros, a fim de que tudo ocorra como elas planejaram. Em meu entender, isso não é amor, é dominação e, como a história já mostrou, alguém ou um povo dominado, cedo ou tarde, quer liberdade e rompe com o que o aprisiona.

Se você não se cuidar, você poderá virar ainda a Mulher Coelhinho da Páscoa – Acreditam mil vezes que agora ele mudou.

31º Erro – Mulher Monólogo – Conheça bem em seu pretendente como ele lida com questões difíceis da convivência

"Nunca é tarde demais – na ficção ou na vida – para revisar."

Nancy Thayer

Muitas reclamam das diferenças encontradas durante a convivência com a pessoa amada. Mas, por exemplo, em alguns países do Oriente Médio, há uniões nas quais o noivo e a noiva somente se conhecem no dia do casamento. Já, no Brasil, há uniões em que os dois somente irão se conhecer no dia da separação, muitas vezes, não amigável.

Essa situação acontece porque, na maioria das vezes, a mulher sempre "acha" que encontrou o príncipe perfeito e encantado fabricado por Deus somente para ela. Esquece que todo homem tem um lado imaturo, mamífero e que, na maioria das vezes, aprende apenas por tentativa e erro.

Na fase de namoro ou pré-casamento, os corpos dos dois podem se entender de forma perfeita, mas no dia a dia da realidade de morar juntos, o casamento ou união mostrará se as almas ou os estilos dos dois realmente estavam prontos ou não para se compartilharem e estarem juntos.

Há mulheres que preferem não conhecer bem seus pretendentes, deixando para o futuro longínquo revelá--lo, ou, se conhecem, sempre acham que serão elas as heroínas que irão corrigi-los e mostrar-lhes o caminho da luz ou salvação.

Eu não estou dizendo que isso não possa acontecer, mas as estatísticas dizem o contrário: ninguém muda se não quiser e, quando muda, é no tempo de quem quer mudar, e não no tempo de quem quer forçar a mudança.

Muitas separações e brigas acontecem exatamente porque muitas mulheres preferiram acreditar na frase "os opostos se atraem". No entanto, com a convivência diária, caso realmente não haja maturidade para lidar com as diferenças, esses opostos serão exatamente que darão o início ao processo do término do dito amor.

A melhor dica que posso dar para reduzir o risco, apesar de que ele sempre existirá, *é: você,* mulher, conhe*ça* bem seu pretendente, colocando-o em situações ou comportamentos que você considere importantes. Assim, você conhecerá tanto a reação dele quanto a sua, afinal, vocês dois podem melhorar, e juntos.

Por exemplo, faça uma lista de cinco ou dez coisas que mais a irritem ou seu parceiro e vejam se "batem" ou resistam ao dia a dia, observando como vocês dois lidam com isso antes de uma união mais séria.

32º Erro – Mulher Frígida – Não deixe os homens dominarem seus três pontos Gs, exceto um

"A grande diferença entre o sexo pago e o sexo grátis é que o sexo pago geralmente sai mais barato."

Brendan Behan

As mulheres têm três pontos G e são usados na seguinte ordem:

1. a mente e a imaginação (cabeça): homens espertos sabem que criar fantasias ou serem cúmplices delas nesse aspecto fazem com que as a mulheres sejam facilmente iludidas;
2. o escutar (ouvido): homens espertos sabem dizer o que as mulheres querem ouvir; e
3. o sexual (clitóris): homens espertos têm conseguido apenas atingir os dois primeiros pontos G já citados que nem se esforçam em aprender a usar ou conhecer o terceiro.

E é por isso que muitas mulheres acabam por torná-los preguiçosos ao não as satisfazendo sexualmente, considerando que o mais importante seria satisfazer seus ouvidos e mentes.

A mulher não pode nunca esquecer algo: dependendo de como foi educado, um homem sempre será um menino crescido. E somente depois de muito tempo é que esse evoluirá emocionalmente, espiritualmente, sexualmente etc.

Logo, no começo de um relacionamento, a mulher tem de ter "palavra de mulher", se assim posso dizer, pois está difícil acreditar em "palavra de homem", e mostrar para seu pretendente coisas e/ou atitudes que aceitará e aquelas que não aceitarão de forma alguma. Poderia até perdoá-lo, mas nunca ficaria mais com essa pessoa.

Se a mulher adora ir dançar ou fazer algumas coisas sozinha ou com ele, isso deve ficar claro para ambos. Somente em situações realmente extremas podem ser canceladas. Pois, se a própria mulher não fizer atividades ou reivindicar direitos a fim de não criar a rotina para relação, o homem vai ficando "relaxado" e não vai mais levando a sério seus compromissos.

O homem tem de se sentir sempre desafiado e exigido pela mulher. Ele tem que saber que está ali ao lado daquela mulher não porque ele era a única escolha dela, mas porque ela ainda acredita no relacionamento com ele. Mas se ele "pisar na bola", ela irá sair do relacionamento de forma digna e independente.

33º Erro – Mulher *Keep Walking* – Não pare no tempo por causa de homem

> *"Quando quiser usar fogo para combater fogo, lembre-se de que os bombeiros geralmente usam água."*
>
> ***Anônimo***

As fantasias de uma mulher podem ser perigosas, pois não sabem avaliar em que fase seu companheiro se encontra, que, quando estão dialogando ou agindo, é como se elas estivessem jogando ping-pong, só que sozinhas: elas dão um *ping*, e correm, desesperadamente, para o outro lado da mesa, para dar o *pong* exatamente como elas gostariam que fosse dado por seu amante. O amor não funciona assim, assim acredito firmemente. A outra pessoa não pode agir do jeito que queremos, mas ambos devem fazer o que é melhor para os dois. Se a pessoa não o faz, é porque ainda não está preparada ou não está querendo fazer isso.

E uma constatação que obtive com as entrevistas é que há um grupo de mulheres que eu posso classificar como "Mulheres Congeladas". Isso mesmo. Elas estão totalmente paradas no tempo. Nem pra trás, e muito menos para frente. Devido a suas fantasias colocadas nas costas de uma pessoa que não estava na fase ideal, elas ficam lá, olhando para trás e tentando fazer, a toda força, voltar para um ex-indeciso. Elas têm ainda que provar para eles que elas eram as melhores escolhas deles, perdoando até suas dezenas de traições e a falta de consideração.

Há algumas leitoras que me escrevem dizendo que, agora aos trinta e poucos anos, passaram por vários namoros ou até noivados e nunca se casam. O "cara" resolveu ir atrás de algo melhor. Só que durante o relacionamento, o "cara" fez tudo: MBA, intercâmbio, viagens etc., e ela? Só esperando a tão sonhada definição da data de casamento.

O que eu respondi para elas? Vá viver enquanto é tempo, invista em você e em sua evolução, não pensando apenas na busca exclusiva de bens materiais, mas em se conhecer e em saber que a vida é muito mais e se for para ficar mal acompanhada, é melhor continuar sozinha e "curtir" a vida pelos quatro cantos do mundo.

Elas simplesmente não dão chance ao novo. Ficam lá, travadas, vivendo no passado e esperando alguém do passado, por quem foram apaixonadas, voltar. E resgatá-las. Pra agradar o ego delas e dizer para elas: Ok. *Eu fiz merda e não consigo viver sem você.* O problema é que em 80% dos casos os caras não voltam, aproveitam suas vidas, e elas lá, congeladas. Mas o pior de tudo não é o congelamento; é que muitas ficam amargas.

34º Erro – Mulher Radar – Sabia como identificar um homem canalha

> *"Um bambu que se curva é mais forte que um carvalho que resiste."*
>
> **Provérbio Japonês**

Há um *best-seller* chamado *Por que os Homens Amam as Mulheres Poderosas?*, mas isso é a teoria, eu acho. Na prática, em 24 países, minhas pesquisas apontam também para a seguinte pergunta: "Por que as mulheres poderosas e com conteúdo gostam mesmo é de homens vazios?."

Será que a *Discovery Channel* ou nosso lado mamífero explicaria isso? Alguns cientistas dizem que, quanto mais desprovidos intelectualmente, melhor o desempenho físico. Será? Vamos refletir sobre isso.

Talvez seja nesse aspecto que entrem as fantasias das mulheres. Eu acho que elas podem até querer amar alguém, mas, segundo as afirmações de algumas entrevistadas, o prazer maior estaria em transformar alguém. No entanto, eu insisto em meus dados: é impossível transformar uma rapadura em *petit gateau*...

A mulher deve aprender, por conta própria, a identificar o homem do tipo "canalha" ou na fase canalha, bem como o "homem de uma noite só". Qual a diferença? O homem canalha premedita a ação, ele se conhece e sabe muito bem o que quer e não quer e usa seu talento para "se dar bem", pensando apenas em seu "gozo" momentâneo e prático sobre mais uma vitima indefesa ou que se julgue indefesa. Ele pode demorar meses para conquistar alguém, mas depois da conquista, desaparece ou muda quando achar conveniente. Já o homem de uma noite só é claro e direto com sua pretendente, mas muitas mulheres não aceitam homens tão diretos. Algumas pedem que haja até uma "mentirinha" na fase de conquista, assim, elas se iludem. Muitas mulheres não estão prontas para compartilhar decisões emocionais. Logo, o homem de uma noite só deixa claro para a mulher que: "Eu só quero isso, ou aquilo e nada mais, você topa? E não espere nada de mim."

O problema surge quando essa mulher que se diz vítima tenta melhorar à força um canalha ou um homem de uma noite só em alguém que esse homem, pelo menos no momento, não deseja se transformar. Afinal, um homem quando quer algo de verdade, seja para o certo ou para o errado, ele "vende até a mãe", como bem o diz este ditado popular.

Depois, com o tempo, caso você não aprenda isso logo, não fique culpando o outro pelo tempo que você perdeu com ele. A porta estava sempre aberta para você sair por sua livre e espontânea vontade.

35º Erro – Mulher Dedo Podre – Cure sua "maldição do Dedo Podre"

> *"O maior enganado é aquele que engana a si próprio."*
> *Ralph Waldo Emerson*

Muito se descobriu sobre algumas doenças ou enfermidades e novas tecnologias, atitudes etc., mas ainda não se encontrou a cura para a Maldição ou Síndrome do Dedo Podre que atinge entre 4 e 5 homens em um grupo de 10, e com as mulheres acontece em maior incidência, entre 8 e 9 mulheres em um grupo de 10.

Isso porque os homens sabem até escolher melhor uma mulher do que o contrário; o problema dos homens é apenas o pós-venda e a manutenção.

No caso de uma mulher, ao escolher um homem, ela escolherá aquele mais safado ou mais belo e cheio de estilo, porém, o que talvez ela procura não é somente o lado safado, belo ou "estiloso", mas o mistério envolvido nesse homem. O mistério sempre provoca, incita e excita as mulheres. E, conforme eu ouvi algo dito por uma das entrevistadas em minhas pesquisas, as mulheres não sabem ser escolhidas, elas sempre querem escolher.

Um outro sintoma comum dessas pessoas entrevistadas e que possuíam a "Maldição do Dedo Podre": têm o hábito de sempre culpar seus cupidos, chamando-os de cegos ou burros.

Seja por ingenuidade ao extremo de não avaliarem as lições aprendidas, e querendo, mesmo, apagar da memória o que se passou, essas mesmas pessoas acabam por recair sempre na Maldição do Dedo Podre, com outra pessoa, é certo, mas sempre o mesmo problema. Com isso, acaba cometendo continuamente o mesmo "engano" emocional, com outro e outro e outro relacionamento. Não inova o erro e nem a experiência, procura sempre o mesmo perfil escolhido pelo dedo podre.

A Maldição do Dedo Podre domina a pessoa e seu coração, sem falar de sua mente.

Como disse o psicoterapeuta Flávio Gikovate em uma entrevista: "É safado o indivíduo que se apaixona rapidamente!!!"

O carente demais ou o "viciado" em se apaixonar demais são perfis de amantes que devem ser vigiados, e cabe a cada um conhecer qual o motivo para agir assim, pois os efeitos colaterais de conviver com esse perfil podem ser danosos em curto ou médio prazo.

36º Erro – Mulher Discovery Channel – Não se preparar para ser uma Mulher-Alfa

> *"Algumas pessoas nunca repetem os mesmos erros. Descobrem novos erros para cometer."*
>
> *Mark Twain*

Você já imaginou Romeu dizendo para Julieta quase 600 anos atrás: "Olha, Juju, hoje não dá porque eu tenho que ver o futebol com os amigos?" ou, ainda se o Romeu perguntasse: "Ju, você não acha legal a gente dar um tempo?!?!" Ou trazendo um pouco para nossos tempos, por exemplo, imagine se os presidentes Lula ou até o Obama tivessem dito para suas respectivas esposas: "Querida, eu estou me sentido pressionado!!!"

Amiga, saiba que você não pode querer ser o centro do mundo dos homens, porém, se você for justa e imparcial, saberá se realmente o homem está te dando ou não valor!!! Essa descoberta dói, esteja preparada para ir descobrir. Logo, essas histórias de amor bonitas acontecem, mas somente para quem tem atitude e não espera apenas o milagre acontecer; elas mesmas são e fazem o milagre acontecer.

Como na maioria dos casos, homens e mulheres não sabem exatamente o que procuram numa outra pessoa, logo, o que aparece de diferente do padrão vigente acaba cativando. Mas cuidado: se não estivermos preparados, poderemos ser trocados novamente por outra pessoa que surja, exatamente por ser diferente de nós ou do cônjuge atual!!! E assim vai, até um dia, saibamos realmente o que esperamos da outra pessoa! E ainda, o que somos e temos a oferecer! Afinal, não é um monólogo e mão única, certo?!

Mulher! Pare de colocar culpa nos homens por tudo! Somos reflexo real de uma educação ou não educação!! Quer mudar o homem! Mude a mulher-mãe. Ensinenos a amar e entender melhor vocês! Não espere que a escola e os amigos nos ensinem isso!

Mulher, há uma outra verdade aqui que se refere a atitudes. Se o seu homem ou parceiro é um que só funciona no susto e tranco? Isso mesmo, existem vários!!! Por exemplo, uma pessoa que pesquisei recentemente teve o seu casamento acontecendo só porque o homem viu que iria perdê-la. Isso para um homem de 40 anos!! Homem de 40 anos não é para ter dúvida.

Nessa idade, só se tem certeza!! Mesmo que erre para descobrir!!! Mas ele arrisca no que acredita. E não é um risco de adolescência, esse risco deveria acontecer de forma mais calculada.

37º Erro – Mulher Braços Cruzados – Acredite no Destino, mas crie o melhor para você

> *"A vida não dá coisa alguma sem retribuição e sobre cada coisa concedida pelo destino, há secretamente um preço, que cedo ou tarde deverá ser pago."*
>
> **Stefan Zweig**

Talvez tanto Deus quanto eu, queremos que o melhor time vença, mas quem disse que os dois times não são os melhores? Um dia você está por baixo, outro por cima. Quem se prepara mais, vence!!!

Onde eu quero chegar com essa avaliação? Numa palavra chamada preparação?!?! Então esta é a chave para jogar ou vencer?

Identifique algumas pessoas que sejam casos de sucesso de vencedores, seja de famosos ou ao seu grupo de amizades.

Será que eles se prepararam para o que conquistaram? Será que eles não tiveram que se sacrificar para essas conquistas? Mesmo ficando isolados, a sós e tristes por um momento, mas eles não estavam focados nos seus sonhos? Afinal, como diria Paulo Gaudêncio, maturidade é a capacidade de se impor frustrações no curto prazo para obter compensações no longo prazo.

Portanto, diante dessa constatação da preparação, e de que tudo na natureza se transforma para melhor, com ou sem a nossa ajuda, e que ainda tudo na natureza EXIGE esforço e trabalho, logo, trabalho, dedicação, preparação são requisitos fundamentais para qualquer sucesso ou realização.

Olhando por esse lado, eu resolvi tentar descobrir o nome de algum preguiçoso que tenha dado certo na vida!! Eu pensei, pensei e fui até no Google. E nada!!.

Eu não consegui lembrar de um nome de nenhum preguiçoso que tenha durado ou deixado um bom legado na história.

A preguiça pode entrar em qualquer dimensão de nossas vidas. Qualquer uma.

É comum vermos publicações e até livros destacando o sucesso, mas poucas ressaltando o trabalho diário e sacrifício que se deve fazer para obter o tal sucesso ou realização.

Diante dessa verdade absoluta, eu acho, eu trago para nossa reflexão: será que algum de nós ainda tem o direito de ter a ingenuidade e poderia achar que o universo e/ou até Deus, sem nosso esforço, preparação, atitudes, escolhas, riscos, sacrifícios etc., etc., mandariam para nós alguém para se tornar o amor de nossa vida? Nossa alma gêmea? Ou nosso ou nossa "tchucutchucu eterno(a)" até que a morte nos separe?

Eu acredito que já estamos no século XXI, mas as minhas pesquisas mostram que a maioria dos "românticos" da atualidade ainda quer acreditar no romance do século XV. Aí, depois de um tempo, acabam aprendendo, com muita dor e expectativas frustradas, que foi o destino que quis assim!!! Ou, quem sabe, até Deus!!!

Como eu comento isso? Eu adoro Deus, mas eu comento assim: que Deus não escolhe para nós, Ele apenas julga e conhece a nós através das atitudes que temos diante de nossas escolhas. Afinal, Ele nos deu o livre arbítrio. E seria muito cômodo eu achar que, quando as coisas dão certo, eu fui o felizardo ou felizarda quem fez a escolha, agora, quando dá tudo errado, eu culpar Deus ou o Destino!?!?

Mulher e amiga, com essa reflexão, entenda que destino, amor e felicidade não existem para preguiçosos. Aprenda amar as atitudes de um homem, e não apenas suas palavras sem ações.

38º Erro – Mulher Conto de Fadas – Fuja dos homens do tipo "Don Juan", se isso te fará mais mal do que bem

> "Os atos de uma pessoa tornam-se a sua vida, tornam-se o seu destino. Tal é a lei da nossa vida."
>
> **Conde Leon Nikolaievitch Tolstoi**

Um dos sintomas de muitos homens em nossas cidades ao redor do mundo pode ser esse. Seja casado ou solteiro, esse pode continuar portando essa síndrome de achar que é Don Juan. O homem que irá conquistar, que irá salvar e logo mais irá abandonar a donzela ou "presa", que na visão dele precisa mais dele do que o contrário.

O foco dele é o processo da conquista, e não o "objeto" da conquista. É mostrar para si e para os homens: beijei uma, beijei duas, beijei três etc., e assim vai. E, como qualquer viciado, seja em álcool, droga, ou em "amor patológico" (falta de feniletilamina), é importante buscar ajuda. Caso contrário, esse indivíduo sempre culpará a sociedade, a falta de confiança e incapacidade de compartilhar com uma mulher, ou simplesmente, buscará sempre saciar seu vicio, seja estando solteiro, namorando ou casado.

Normalmente temos tendência de achar que qualquer vício é um problema individual, mas isso na maioria das vezes, não gera problemas apenas para o viciado, mas para quem está em volta. E nesse caso, o portador da Síndrome do Don Juan que acha que tem que aproveitar tudo ao máximo e no seu tempo, ele não respeita esposa, namorada etc.

Ele promete e faz tudo para conquistar. É diferente de um outro tipo de personagem que entrevistei, que posso chamá-lo de "homem de uma noite só". Esse outro tipo de personagem, ele é autêntico e diz o seguinte para a donzela a ser conquistada: "Querida, eu sou assim, quero isso e só isso. Você aceita? Sim ou não?", diferente do Don Juan e/ou canalha que não se preocupa em ser autêntico, ele usa qualquer meio para conquistar, sejam promessas, mentiras etc. Portanto, o Don Juan, diferente do "homem de uma noite só", não quer fazer ou ter cúmplices; quer fazer vítimas somente para seu "*curriculum* de caças".

Diante disso, com certeza, alguma leitora irá perguntar: como identificar ou se proteger dos Don Juan espalhados ao nosso redor?

Eu respondo: não sei! Mas dou algumas dicas: o Don Juan não investe no longo prazo. Ele não tem paciência. Ele não quer te entender, escutar e ouvir. Ele quer apenas se saciar. Se na sua relação amorosa está havendo mais saques por parte dele do que depósitos que te façam bem, como numa conta corrente, um dia você ficará com o saldo negativo e sozinha.

Investir em MBA e/ou pós-graduação para a carreira é ótimo, mas invista também em estudar e entender o seu coração e nas novas formas de amar. Você é sempre cúmplice ou vítima. Como disse Einstein: Se você continuar fazendo o que sempre fez, vai continuar obtendo o que sempre obteve.

Fuja dos Namorados Pinóquio. Ele sempre tem uma desculpa perfeita.

39º Erro – Mulher Pré-histórica – Defina o que é melhor num homem para você: o lado sábio ou o lado animal "uga-uga"

> *"O tolo fracassa muitas vezes porque pensa que o difícil é fácil; e o sábio, porque pensa que o fácil é difícil."*
>
> **John Churton Collins**

Circulou na imprensa brasileira uma pesquisa norte-americana afirmando que homens que traem as esposas e namoradas tendem a ter QI mais baixo e ser menos inteligentes, segundo um estudo publicado na revista especializada *Social Psychology Quarterly*. De acordo com o autor do estudo, o especialista em psicologia evolutiva da London School of Economics, Satoshi Kanazawa, "homens inteligentes estão mais propensos a valorizar a exclusividade sexual do que homens menos inteligentes".

Eu comento que a pesquisa pode ter sim fundamento, pois quanto mais "carnal" e "bruto" o homem, mais instintivo e sem controle o lado animalizado do homem irá prevalecer. Porém, eu ressalto que por mais sofisticado e inteligente que o homem seja, toda mulher também gosta de vez em quando do lado "uga-uga" pré-histórico e de pegada de um homem.

O que eu acho que temos que entender da pesquisa, é o homem sábio, e não necessariamente inteligente. Afinal, homens inteligentes também traem, para citar casos recentes (Bill Clinton, Tiger Woods etc.).

Sem falar de quanta gente "inteligente" está em nossa sociedade (política, empresariado etc.) fazendo coisas erradas e tem diplomas fantásticos. Portanto, se realmente a mulher acredita nessa pesquisa, não busque homem inteligente, busque um homem sábio. Contudo, para ver alguém sábio, deve-se buscar ser sábia também.

A mulher poderá sim investir num sábio ou homem inteligente que não tenha "a tal pegada", porém, deixe bem claro isso que quer ajudá-lo. Mostrando-lhe o que gosta ou não gosta de receber. Caso esse homem seja receptivo no aprendizado, essa será uma boa direção. Entretanto, se o homem reagir de forma emotiva dizendo coisas como "você não gosta do jeito que eu sou?", caberá a você escolher a opção de ficar ou não ao lado dele.

Eu não estou transformando o amor numa "moeda de troca", mas já deveríamos ter aprendido que o amor não admite preguiça e ficar parado no tempo.

40º Erro – Mulher Sem Orgasmos – Estude, Ensine e Pratique o que é um orgasmo

"A vida é um ciclo e você tem responsabilidade por tudo que faz, porque as coisas voltam."

Provérbio oriental

Há um ditado popular que diz que "a mulher dá sexo para conseguir carinho e atenção, enquanto os homens dão carinho e atenção para conseguir sexo".

Esse é apenas um dos antagonismos da convivência de um casal no século XXI. Eu encontrei situações onde mulheres casadas há 28 anos, mas sem nunca terem sentido um orgasmo. Mas ainda assim o marido dessas mesmas mulheres admitiam que morriam de amor por elas, mas nunca haviam conversado e buscado melhoria. Portanto, se um casal não tem orgasmo nas conversas ou intelectualmente, será que o orgasmo físico durará?

Não estamos mais no tempo de Sansão e Dalila, onde a mulher conquista o poder do homem apenas por cortar suas tranças de cabelo. Agora, ninguém mais destrói ninguém. Afinal, ao destruir seu par, você está destruindo o seu amor também. Ambos perdem, ninguém ganha.

Risco sempre haverá. E isso é que é maravilhoso na vida. É você não saber tudo do futuro, porém, no relacionamento e nas pesquisas que fiz, eu aprendi e compartilho uma coisa: não procure a sua "alma gêmea", mas aquele ou aquela que estiver na sua "fase gêmea". Isso mesmo. Assim, você economizará muito tempo e esforço, pois vocês estarão caminhando na mesma direção, e já terão trazendo suas experiências de vida sem jogá-las na cara de ninguém.

A mulher tem que entender que na maioria dos casos mesmos em nossas cidades, os homens nunca receberão uma educação formal ou informal sobre educação sexual, seja para se satisfazer ou para satisfazer a sua parceira. A maioria aprende por tentativa e erro, instinto ou nas ilusões dos grupos de amigos que falam que são ótimos na cama, porém, ao confrontar algumas entrevistas, nem sempre o prazer que um dá é percebido pelo outro.

É certo que, num determinado momento, seria a família que deveria ensinar educação sexual aos filhos, mas como isso não acontece, essa "ignorância orgásmica", se assim eu posso dizer, continuará perpetuando-se caso você, mulher, não tiver a coragem de ensinar ou discutir esse assunto com o seu homem.

Ambos devem ser adultos para resolver e conversar sobre isso. Afinal, conversar também deve dar prazer para vocês dois.

41º Erro – Mulher o que vier eu aceito – Saiba o que você realmente deseja de um homem

> *"Uma pessoa má faz mal não só aos outros como também a si mesma."*
>
> Conde Leon Nikolaievitch Tolstoi

Há um grupo de homens teleguiados que representa homens que ainda estão perdidos e precisam ser guiados, para quem tiver o dom, obviamente.

Esse grupo de homens não entendeu ainda que atualmente, a mulher resolvida e independente não quer mais apenas o "dinheiro" dele, e sim um homem que batalhe e tenha atitude e iniciativa para realizar seus desejos e sonhos. Essa mulher já não se incomoda em rachar a conta, desde que o cara seja um excelente companheiro e amante.

Muitas mulheres relatam que por uma razão ou outra, escolheram no passado homens que não tinham nada na questão material ou até carentes demais, e que elas os ajudaram a se levantar. Porém, depois que esses homens se tornam poderosos e independentes, ao invés de ficarem com elas, eles simplesmente "dão um pé na bunda" das mulheres que os ajudaram na época de "vacas magras".

Mulher, lembre-se: o homem não gosta de assumir o "custo emocional" de um relacionamento, por isso, às vezes, só procura o sexo e, em alguns casos, não considera traição ter sexo fora do casamento/relacionamento (o que é bem diferente na visão feminina...).

Isso porque ele, na sua insegurança emocional e sem uma mulher que o ajude nisso, não consegue manter um erotismo com a mesma mulher, então, busca na rua.

Você pode querer ter um homem para vários motivos (fugir da solidão, filhos, sair de casa dos pais, amor etc.), porém, é responsabilidade sua também identificar por que aquele homem quer, e se quer, uma única mulher.

É que se você não souber a real necessidade ou o seu real sentimento para um relacionamento, há um risco de que, depois de saciado o "desejo", você não queira mais. Daí, se livrar ou terminar tem um custo altíssimo para todos.

Não traia a primeira vez no seu relacionamento. É que se você trair a primeira vez, haverá a segunda vez. Os homens sempre voltam duas vezes ao local do crime.

42º Erro – Mulher Emotiva sem Bússola – Reserve um tempo na sua vida para estudar o lado emotivo e racional do amor

> *"Não faça sua felicidade depender daquilo que não depende de você."*
>
> ***Anônimo***

A maioria das mulheres, sem falar dos próprios homens, acha que não precisa de "manual" ou "apostila" para entender a vida. Que não precisam de ajuda, e que simplesmente, tudo dará certo.

É fato que as mulheres têm um lado emotivo e espiritual mais acentuado do que os homens. É como um solo pronto e fértil para germinar, contudo, se plantar sementes ruins ou não plantar nada, o fruto não será o esperado. Resumindo: as mulheres podem usar seu poder para o seu próprio bem ou próprio mal, e cabe a busca do autoconhecimento para gerenciar e produzir ótimos frutos durante sua própria vida.

A mulher traz muita percepção de que o amor é algo estático e de que não exige ou demanda "investimento" e esforços. Diante da constatação real no século XXI que isso não é mais verdade, eu apresento uma lista de verdades de que o amor não é:

- O Amor não é um ponto final, mas apenas um número infinito de vírgulas que surgem durante sua construção.
- O Amor não é um destino, mas uma ponte que liga duas pessoas.
- O Amor não caça confusão somente para um dos dois ter razão, mas para que a felicidade mútua vença.
- O Amor não é o beijo entre dois lábios, mas é o beijo entre duas almas.

- O Sexo não é o amor, mas o sexo é apenas a assinatura boa ou ruim de um amor autêntico ou não.

- O Amor não é você aceitar ou se entregar completamente, mas sim ambos se melhorarem para se merecerem.

- O Amor não é ficar 24 horas dizendo "eu te amo", mas fazer no mínimo uma ação por dia de amor para fazer valer o dia de ambos.

- O Amor não é casar-se, é nunca parar de namorar.

- O Amor não é morar junto, mas é pensar e vibrar de estarem juntos mesmo distantes.

- O Amor não é considerar a outra pessoa como sendo todas as suas respostas, mas deveria ser a pessoa que estará ao seu lado para juntos fazerem as perguntas certas.

- O Amor não é viver num paraíso e sem problemas, mas é a capacidade dos dois estarem sempre juntos para resolver tudo com maturidade.

- O Amor não é ter que saber tudo e não errar na convivência a dois, mas é nunca quebrar o laço de respeito, parceria e confiança.

- O Amor não é uma cantada, a sedução ou a conquista, mas é ambos se manterem sempre flertados e encantadores mutuamente.

- O Amor não é um eclipse onde um encobre o outro, mas é como a relação de gravidade entre a Lua e a Terra: cada um tendo o seu espaço, onde um estando perto demais ou longe demais do outro pode ser tão perigoso quanto benéfico.

- O Amor não é apenas apontar e aceitar os defeitos do outro, mas é ser capaz de ouvir e aprender que qualquer crítica é para melhorar a convivência dos dois.

- O Amor não é um investimento para curto prazo, mas é feito de depósitos diários que darão sempre retorno no devido tempo.

- O Amor não é morar numa mansão ou barraco de favela com alguém, é ser capaz de juntos conquistarem tudo numa única visão de longo prazo.

- O Amor não é uma fotografia que foi tirada e congelada no tempo, mas é uma história digital e em vídeo que pode mudar a cada segundo, depende dos dois atores envolvidos.

- O Amor não é você culpar a outra pessoa por ela não ser como você gostaria, mas é a sua capacidade de ler as entrelinhas e investir apenas o tempo necessário. Ame a si mesmo em primeiro lugar.

- O Amor não é como a paixão que pode começar e visa se agradar e ao corpo físico com "aquela" pegada, química, tesão ou feromônio, mas o amor visa agradar a alma através da admiração mútua, amizade, sentimento, gratidão, parceria etc., e que são coisas invisíveis.

- O Amor assiste e está somente com quem age com ele, e não somente para quem o pede por ele.

- O Amor entre duas pessoas não insiste em ter sempre um na direção, mas que ambos não percam o controle.

- O Amor não é duas faces, pois o amor exige empatia e transparência constantemente.

- O Amor não é apatia, pois o amor exige que ambos sejam amigos e conversem sempre, sem limites de assuntos.

- O Amor não é algo que pode ser pago a alguém no futuro e a vencer, o amor deve ser regado diariamente, caso contrário, não há frutos e este se acaba, é que o amor não aceita saldo negativo sem depósitos de carinhos.

- O Amor não acredita em palavras, é um pouco como a fé, logo, o amor e fé só existem nas atitudes.

- Para se manifestar, o Amor não precisa estar numa suíte com uma garrafa de Moët & Chandon ou num quarto simples com uma jarra de suco Tang, mas o amor só se manifesta nos detalhes, na forma e no interesse verdadeiro de demonstrar agradar, compartilhar e construir momentos únicos e mágicos.

- O amor não se preocupa em ser ou ter tudo; é que o amor tem que ter foco, fazendo quem realmente ama estar mais preocupado no que está ganhando do que no que está perdendo lá de fora.

43º Erro – Mulher Atual – Não quer nem ouvir falar da ex-mulher

> *"Acabei de ver um casal de noivos tão alegres que parecia que estavam se separando."*

Não sou nerd, mas sempre fui um apaixonado pela história. Desde quando estudava no colégio, aprendi que tudo tem um porquê. Aprendi que desde Adão & Eva o ser humano é egoísta e desafiador, que o Brasil desde o ano de 1500 era uma colônia para ser explorada e roubada e que os políticos da época já usufruíam de nossas riquezas. Aprendi também que a minha história e a de cada um explicam quem nós somos hoje.

Entretanto, entre maquiagens, dezenas de sapatos e milhares de bolsas, as mulheres esqueceram que um dia estudaram esta matéria no primário, principalmente quando está apaixonada. Antes mesmo de falar eu te amo e pedir o homem em casamento logo no primeiro dia, como algumas fazem, vocês logo de cara falam: "*não quero saber nada da sua ex.*"

Mal vocês sabem, mas isso é tudo o que um homem quer ouvir e vou lhe explicar os motivos. Quando um relacionamento não deu certo, obviamente é porque *nós cometemos erros, assim como vocês. O grande* "x" da questão é descobrir que erros foram esses e se você está disposta a suportá-los.

Se você está namorando um homem que traiu a sua ex, o que lhe faz pensar que ele não fará isso com você? E se ele sempre tratou mal a sua ex, por qual motivo ele não fará com você? O ser humano tende a ter um comportamento repetitivo e você precisa saber quais são os riscos reais que está correndo, para assim avaliar melhor se vale a pena.

Logo no primeiro encontro pergunte sim sobre como foram os relacionamentos passados. Isso não irá quebrar o clima. A mulher já possui um espírito investigativo por natureza, mas mal aplicado. Ela apenas quer saber a marca do esmalte e da roupa da concorrente ao seu lado, qual é o shampoo que a outra usa, com quem a vizinha está saindo e a conta bancária do namorado da amiga. Mas ela nunca quer saber do principal, que é provavelmente qual deverá ser o seu futuro.

Todos podem mudar, mas para isso é preciso humildade, perseverança e tempo, algo que não conheço em muitos homens e mulheres. Lembre-se sempre do primeiro ensinamento daquela velha e chata professora de História que você não prestava atenção e ainda ficava debochando dela: "é preciso saber o passado para entender o presente e prever o futuro."

44º Erro – Mulher Febre – Nunca mede a temperatura do relacionamento

> *"A mulher – é o anjo e o diabo num só corpo."*
>
> **Alexandre Dumas (filho)**

Risadas, declarações de amor, horas no telefone, jantares constantes, passeios delirantes e brilho no olhar. Sim, estou falando do começo de um relacionamento. Depois de alguns anos de relacionamento, as brigas são frequentes, começam as reclamações que um não para de ligar para o outro e assim vai. Porém, como medir a temperatura do relacionamento? Como eu sei se ele vai bem, mal ou mais ou menos, para que assim eu consiga agir no primeiro sinal que o termômetro acusar febre.

Em uma viagem que fiz para a França, conheci a casa de Leonardo Da Vinci que, para mim, foi o maior gênio da história. Observando as suas super invenções, percebi que ele não havia inventado um medidor da temperatura do relacionamento. Não, não estou falando de como está a performance de cada um na cama pois, segundo dizem, com o passar do tempo, o que fica é a amizade. Estou falando de saber medir como está a sintonia do casal.

Descobri que a risada é o melhor remédio, ou melhor, o melhor termômetro. Se você anda sempre de cara fechada quando está com seu parceiro, não tem paciência para nada e implica com tudo o que ele faz, caso não faça nada, você estará condenada a viver como a mulher drogada, que sabe que faz mal, mas não consegue largar.

Observe, pare, pense e aja. Já parou para pensar nos motivos que fazem você querer ter dinheiro, uma família, um bom emprego? O objetivo final sempre será a felicidade, cuja manifestação é a risada. Logo, o riso é realmente o único objetivo verdadeiro de nossas vidas.

Nunca existe um único culpado quando algo não vai bem entre duas pessoas. Ele pode ter até 99% de culpa, mas você precisa perceber qual é o seu 1%. Algo que aprendi é que nós não controlamos os nossos sentimentos, mas controlamos as nossas atitudes. Posso estar muito nervoso, pois ela simplesmente me fez passar uma vergonha na frente de todo mundo, mas a partir do momento em que eu grito com ela em público, eu errei tanto quanto ela. Controlar as nossas atitudes é o único caminho para trazermos de volta o sentimento. Seja ele de amor, paz, paciência ou alegria.

Como diriam os cantores do grupo de forró Falamansa: "*eu estou rindo à toa, não que a vida esteja assim tão boa, mas um sorriso ajuda a melhorar.*"

45º Erro – Mulher Maria Qualquer Coisa – Descobre tarde que junto com o bônus vem o ônus

> *"A duração de uma paixão é proporcional à resistência original da mulher."*
>
> ***Honoré de Balzac***

Assim como no casamento da princesa Diana, o mundo literalmente parou para ver o casamento da plebeia Kate Middleton com William, o herdeiro do trono inglês. A princípio, Kate encontrou o príncipe encantado, mas será?

Para quem não se lembra, Diana também achava isso, mas descobriu durante seu relacionamento que estava sendo traída. Neste momento começava uma triste história de um casamento trágico que terminou em divórcio e uma morte estúpida. Se ela estivesse viva e perguntássemos: valeu a pena? O que você acha que ela responderia?

Porém, muitas mulheres buscam o supérfluo, um homem lindo, rico, simpático e se não for pedir muito, famoso. Uma só dessas qualidades muitas vezes também serve. Como tudo na vida, juntamente com o bônus, vem o ônus. Convivi de perto com alguns jogadores famosos e pude vivenciar o que sabia na teoria. Quando saímos para algum bar ou balada, simplesmente diversas mulheres se jogavam em cima deles, sem que eles sequer precisassem se mexer.

Naquele momento pensava o que elas pensavam da vida, quais eram os valores de vida e seus objetivos. A resposta pode parecer óbvia, mas será que elas realmente estavam cientes do relacionamento que poderiam ter? Com certeza não; pensavam apenas em ter um marido rico e famoso.

Aquelas que conseguiam, percebiam que depois de um tempo haviam se casado com um marido que simplesmente não parava em casa em função da agenda de jogos, que vivia trocando de celular, pois muitas mulheres descobriam o número e ficavam ligando e, muitas vezes, eram constantemente traídas, sendo que, em alguns casos, com o risco de pegar alguma doença. Será que isso é felicidade?

Ainda não sou casado, mas já vivi situações semelhantes. Uma vez fiquei uma menina que era capa de uma revista masculina. Infelizmente, como estava ainda na adolescência, achei aquilo o máximo. Literalmente graças a Deus que ela morava em outro estado. Agora, imagina que ficasse apaixonado por ela e na pior das hipóteses me casasse com ela?

Primeiramente, não teria nenhum assunto para conversar com ela. Depois, de alguns meses, a beleza não é mais novidade e aí cairia a ficha da besteira que eu fiz. Para terminar, iria colecionar alguns chifres.

Você pode não ser uma "maria chuteira", mas talvez você seja aquela que sempre busca aquele que se destaca, o mais bonito, o bem sucedido, o conquistador. Cuidado, juntamente poderá vir uma pessoa extremamente vaidosa, egoísta e que, apesar de ter um começo de relacionamento maravilhoso, irá lhe fazer muito infeliz no médio e no longo prazo. Procure os valores básicos que realmente trazem a felicidade. Se vier com um *plus*, melhor, mas o básico já lhe fará feliz.

Acredito que a simplicidade, a sinceridade, o bom coração, o companheirismo e o respeito já sejam um bom começo. Estas qualidades estão mais presentes nas pessoas do que você imagina, basta que você priorize o seu olhar sob elas.

46º Erro – Mulher Pedreira – Prepara o homem para casar com outra

"Presume-se que a mulher deve esperar, imóvel, até ser cortejada. Mais ou menos como a aranha espera a mosca."

George Bernard Shaw

Nos últimos anos em que eu tenho pesquisado relacionamentos ao redor do mundo, eu tenho encontrado um tipo de pessoa que eu classificaria de "Pedreiro ou Pedreira".

É assim: você fica com outra pessoa por meses ou até anos. Prepara a pessoa, ensina e cria momentos únicos, mas quando a pessoa está "pronta", ela vai embora e vai logo em seguida namorar, casar ou até morar com outra.

A pessoa não tem coragem de fazer algumas loucuras ou atitudes com você, mas toma com a outra.

É um pedreiro ou pedreira, assim dizendo, você constrói a casa, mas quem irá morar, é outra pessoa...

Logo, avalie bem com quem você está convivendo, se você é o pedreiro(a) ou o amor real na vida da pessoa.

Cuidado, talvez algumas pessoas não se consigam "construir" sozinhas e estão apenas usando o seu tempo... de pedreira ou pedreiro.

47º Erro – Mulher Enrolada – Não consegue desatar os nós

"Quanto mais bonita for a mulher, tanto mais tem de ser sincera, pois somente com a sinceridade pode corrigir os prejuízos que a sua beleza pode culpar."

Gotthold Lessing

Eu tenho ficado assustado com o número enorme de pessoas, homens e mulheres, que quando se pergunta qual sua situação emocional, eles ou elas respondem: eu estou enrolado ou enrolada com alguém.

Como poderíamos conceituar essa situação? Com certeza, eu concluo, uma pessoa gosta da outra mais do que a outra.

É uma dizendo e pensando! "... é o que tem para hoje, vou ficar com ele ou ela enquanto não achar algo melhor" e a outra pessoa (a que gosta mais) dizendo e pensando "... eu vou conseguir fazer com que ele ou ela goste de mim".

O que eu comento sobre isso? O risco é sempre de quem está entrando (a ativa). A outra pessoa (a passiva) apenas aguarda ser convencida... ou tem algumas usando outras como muletas para esquecer o passado e olhar para frente.

O grande crime aí, eu acho, é usar o tempo de alguém para esquecer o passado. Pode-se até ficar, mas deixe claro que há esse risco...

O erro está em dizendo que está livre emocionalmente, mas não está... não jogando claro. Jogue claro sempre, daí, pelo menos, você conquista amigos ou amigas... se você não jogar claro, isso é um crime premeditado e na justiça (emocional) isso é mais condenável do que algo não planejado.

Abdômen bem resolvido?

Peitos empinados e bem resolvidos?

Bunda durinha, Sem Celulite e resolvida?

Pernas bem resolvidas?

Passoooooo...

Ainda tem homem preferindo mulher que tenha o coração bem resolvido!!

48º Erro – Mulher Isca – Quando o homem é um urso pardo

> *"Uma mulher preocupa-se com o futuro até encontrar um marido, enquanto um homem apenas se preocupa com o futuro depois de encontrar uma mulher."*
>
> **George Bernard Shaw**

Há muitos homens que sofrem da Mania do Urso Pardo

Os ursos pardos quando querem pescar, eles vão até as quedas d'agua, e ficam lá selecionando o peixe desejado.

Conforme passa o primeiro peixe, o urso vai avaliando se pega ou não pega.

É que a ansiedade do urso aumenta, quando o outro peixe que passa na frente dele é maior que o anterior.

Daí, o urso fica indeciso, e não pega, sempre achando que o próximo será melhor, maior e mais gostoso.

Há vezes que eles não ficam com nenhum peixe, pois ficaram escolhendo demais.

Conclusão: não é que o homem não quer namorar ou casar, é que ele sempre acha que a próxima será melhor... mas muitos perdem e acabam ficando sozinhos.

49º Erro – Mulher Bumerangue – O respeito acaba no vai e volta

"As mulheres, como os sonhos, nunca são como as imaginamos."

Pirandello

Há algumas relações que não é amor, mas vício e medo.

Medo porque as pessoas não terminam por medo de ficarem sozinha, e o custo de mudança de ficarem solteiras, se cuidarem etc. é mais alto do que aturar quem está com elas.

Vício? Porque a relação não está agregando mais, apenas sugando energias, mas para a sociedade, parece uma maravilha.

Eu tenho notado pessoas querendo terminar, juntando forças, para como num estilingue, jogar o outro para bem longe...

Entretanto, como as pessoas estão viciadas uma na outra, mesmo não sendo mais produtivo, elas voltam como bumerangue.

Carência? Comparação com o mercado? Uma vez eu escrevi que talvez a pessoa só terá paz quando ajudar a outra a arrumar um namorado ou namorada. Daí sim a outra seguirá seu caminho.

Eu não sei a solução definitiva para isso, mas uma coisa eu apostaria: há pessoas que querem ficar livres deste vício, mas não mudam.

Ficam lá, esperando que Deus mande alguém para elas. Elas não vão buscar conhecer novas pessoas, frequentar novos lugares, estudar novas coisas, não; elas querem que tudo chegue aos pés delas... mal sabem que, se não evoluírem e ficarem estacionadas, o que voltará simplesmente é o ou a ex que estava dando uma volta, como um simples bumerangue...

Há mulheres que a única mudança que fazem num termino de relacionamento é pintar ou cortar o cabelo, mas nada nas atitudes.

E os homens? Como a maioria não suporta ficar sozinho, em poucos meses já estão com outra, transferindo apenas o problema pra um novo CEP.

50º Erro – Mulher Swinger – A mulher que segue o homem aonde ele vai para não perdê-lo

> *"Atrás de todo homem bem sucedido existe uma mulher. E, atrás desta, existe a mulher dele."*
>
> *Groucho Marx*

Swinger não é a solução para salvar uma relação. É um placebo apenas.

Continuando no resultado das pesquisas em andamento sobre casais ao redor do mundo.

Muitos casais têm procurado curas ou ajuda para salvar suas relações.

Algumas dessas ajudas podem dar uma sensação de solução no curto prazo, mas geram "ressaca moral" no longo prazo.

Nessas relações, as sugestões das mulheres visão soluções mais estáveis, calmas e de longo prazo. Enquanto os homens, na maioria preguiçosos e apressados, procuram as soluções rápidas, o que nem sempre dá o resultado esperado.

Uma das soluções que alguns casais têm praticado é a ida à casa de swingers, na maioria das vezes por sugestão e até pressão dos maridos, namorados etc., etc...

Pedir, pode-se pedir tudo, mas aceitar, aí é outro esquema.

Contudo, algumas esposas, namoradas ou mulheres, com medo de perder seus "homens", acabam aceitando a contragosto.

Como todo "culpado" não quer ficar sozinho na culpa, esse tenta "convidar" amigos, amigas, outros casais etc., para que se envolvam na "sua culpa".

Daí, sua consciência fica menos pesada, sabendo que todos praticam.

Afinal, querem criar um novo padrão de comportamento na comunidade, se mostrando vanguardista e avançado.

Nem todo padrão de comportamento deve ser instituído ou aceito por uma comunidade.

Não podemos ter preconceitos, mas não somos obrigados a aceitar a tudo.

Os que praticam, aceitem as opiniões de quem não pratica, e vice-versa.

Agora, a maioria dos homens pratica essa tentativa de curar a relação do casal pelo sexo, pelo simples fato de que o seu lado "caçador" não consegue renovar com a mesma mulher.

Ele faz isso por que, indo com sua mulher em várias casas de swingers, ele a cada hora poderá experimentar uma nova mulher.

Dai eu questiono: essa relação e amor estão baseados em sexo somente?

A constatação que obtive é que esse homem se diz "acostumado" com o cheiro da sua atual mulher ou namorada, por isso, precisa renovar. Mas mal sabe ele sabe que, se ambos se esforçasse um pouco mais, o sexo e a relação melhorariam muito com ajuda de especialistas, e não de "swinguistas".

Portanto, o objetivo desta reflexão não é criticar, é apenas mostrar o que está acontecendo na sociedade. Cabe a cada um aceitar o que é certo ou não para si, mas as estatísticas mostraram que a maioria dos casais que frequentaram não estão juntos mais. Os que estão juntos ainda? Na verdade, não foram casais. Eles estão apenas esperando o melhor do que já têm para decidirem.

E mostra também que quanto mais a mulher visa amar a si mesma bem mais e ter coragem de dizer "não" para os caprichos do seu homem, daí sim surgirá um novo homem.

No longo prazo, um homem não dá valor em mulher que só diz sim para ele.

Onde o swinger iniciou (Europa), inclusive Holanda, as taxas de divórcio têm crescido consideravelmente.

Logo, esse placebo "swinger" não tem dado o resultado esperado.

Afinal, uma relação de amor de longo prazo não pode se basear apenas no sexo...

100 Erros que as Mulheres Cometem achando que estão Acertando

51º Erro – Mulher Comissária – Se eu te salvar, você me amará para sempre?!?

"As mulheres preferem os homens mais velhos: gastam mais e as gastam menos."

Máxima do Movimento Machão Mineiro

A frase da comissária de voo diz: em caso de emergência, primeiramente coloque a máscara de oxigênio em você, somente após isso, coloque na outra pessoa.

O que isso tem a ver com relacionamento?

Algumas pessoas adoram investir tempo com outras que não querem nada sério. Não querem ser salvas.

Logo, seja uma pessoa interessante e sempre alguém desejará estar ao seu lado.

O problema acontece quando a pessoa que salva cobra amor da outra pessoa que não quer ser salva.

Quer ficar, fique. Mas não sufoque alguém com o amor que alguém não quer.

52º Erro – Mulher Maníaca do Amor – Um amor doente cura

"Eis o melhor conselho para um homem razoável: não acredite em uma mulher, ainda que ela esteja a dizer a verdade."

Eurípedes

Até onde você iria pelo seu amor?

Eu consegui esta informação e fiquei assustado, e consegui terminar ontem esta reflexão.

Muitas mulheres perguntam: você provoca mais as mulheres do que os homens nas suas reflexões. Eu respondo, porque nós, homens, somos o reflexo das mulheres. Mudem as mulheres, mudarão os homens e o mundo. O problema é que a maioria das mulheres não sabe e nem quer usar o poder que possuem.

Pego pela polícia em 1998, o motoboy Francisco de Assis Pereira foi condenado a 274 anos de prisão por ter matado pelo menos dez mulheres. Ele ficou conhecido como "maníaco do parque" porque atacava as mulheres em um parque da zona sul de São Paulo, onde deixava os cadáveres.

Embora seja um estuprador e assassino confesso, Pereira recebeu no primeiro mês de sua prisão mais de mil cartas de mulheres com declarações de amor e de admiração.

Diz uma delas: "[...] quero dizer que te desejo todas as noites." Outra: "Eu te amo, te amo, te desejo e te quero de corpo e alma." Trecho de mais uma: "eu durmo sozinha e querendo você aqui."

Uma das admiradoras, Marisa Mendes Levy, formada em História e de família de classe média alta, casou-se com ele, na prisão. O casamento não durou muito.

O que explica tal devoção por um assassino estuprador? Trata-se de mulheres de psiquê perturbada? O que explica o fato de o maníaco do parque ser o recordista em recebimento de cartas da penitenciária de Itaí, no interior paulista? Ele constatou que, entre as fãs do maníaco, há feias e bonitas, pobres e mulheres da classe média, semianalfabetas e universitárias, solteiras (na maioria) e casadas.

De comum, essas mulheres (ou a maioria delas) tiveram um relacionamento afetivo precário na infância. Muitas sofreram abandono dos pais ou abuso sexual. Elas possuem baixa autoestima e, na maioria dos casos, têm um entendimento infantilizado do amor. São românticas a todo custo.

O mesmo vale para homens e mulheres: nunca podemos nos apaixonar sem conhecer a pessoa. Ficar pode ficar, mas amar e se apaixonar... acalme o seu coração. Talvez quem esteja se apaixonando sãos seus olhos e fantasias, mas não o seu coração. Não confunda as coisas. Nunca vá ao mercado com fome, pois poderá comprar o que não precisa. Se anda muito carente, é um problema seu e não da outra pessoa. A outra pessoa não deveria vir para te salvar, mas para complementar.

Aprenda a construir uma relação com alguém que queira estar ao seu lado. Fique com as pessoas de atitude, que usam as atitudes no momento certo e com as pessoas certas e não somente quando lhes convém...

Portanto, homens, não idolatremos nenhuma mulher. Elas estão no mesmo barco que nós. Todos estão em evolução e aprendizado. Todos somos santos ou demônios, só a maturidade, a empatia e a imparcialidade podem nos curar no tempo.

Mulheres, façam o mesmo. Aprendam a amar a pessoa e não suas fantasias.

A título de exemplo, leia uma trecho de uma das pesquisadas:

"... não sei o que fazer para te distrair. Mas eu tenho uma ideia: primeiro quero dizer que te desejo todas as noites. É muito bom. Te acho gostoso, meu fogoso. Você está juntinho comigo, dentro do meu coração. Depois que chego em casa, queria você de corpo e alma, te amando. Te quero de qualquer jeito. Eu te amo do fundo do meu coração. Não perca a esperança, acredite em Deus, porque algum dia a gente vai se encontrar. Sei de seu comportamento doentio, por isso quero que fique calmo..."

Rita S.L. tem 27 anos e trabalha como auxiliar de enfermagem num hospital da rede municipal, em São Paulo. Colegas confirmam: é uma profissional dedicada, capaz de esquecer preocupações pessoais para confortar pacientes. Depois de uma jornada de 12 horas, Rita volta para o bairro de Ermelino Matarazzo, na periferia paulistana. Lá, numa casa modesta, cede aos excessos afetivos – ainda que, para tanto, tenha de driblar a vigilância e a curiosidade do marido e dos três filhos. No silêncio da madrugada, quando todos dormem, mergulha num mundo oculto e particularíssimo. Pega a caneta e despeja no papel sua paixão secreta pelo motoboy Francisco de Assis Pereira, 30 anos, o maníaco do parque. Diante de uma pequena mesa, como confidenciou à época, Rita libera desejos, emoções, fantasias. Constrói um castelo de justificativas para a paixão sem fundamentação lógica pelo motoboy que aterrorizou São Paulo e estarreceu o país. Rita escreve com ardor. Em suas cartas, Francisco é simplesmente Francis, o amante perfeito. "Vou continuar escrevendo... Esse sentimento não interfere no meu casamento, não interfere em nada, é segredo só meu", confessa a poucos.

53º Erro – Mulher Antibióticos – Deixe-me te curar em sete dias

"Desde Adão que não existe erro em que a mulher não tenha participado de qualquer forma."

Tackeray

Nas minhas pesquisas, eu tenho encontrado alguns novos grupos sociais.

Um deles é o das relações tipo Antibiótico.

As pessoas se conhecem. E fazem quase de tudo (às vezes do amor a repulsa e/ou apatia) em apenas 7 dias.

Consomem-se ao extremo emocional, física e/ou até sexualmente. Algumas pessoas já estão até dizendo uma para a outra: pega, mas não se apega.

Eu não critico nada, enquanto pesquisador, desde que haja autenticidade.

O problema é uma das pessoas querer consumir essa paixão-antibiótica por mais do que sete dias.

É erro e expectativa demais querer perpetuar algo que era para saciar apenas uma carência, e não um amor de longo prazo.

O seu médico não aconselharia isso.

Na tarja preta deste remédio amor-antibiótico os dizeres são:

Ame com Moderação. Viva-o somente com quem queira tomá-lo com você por livre e espontânea vontade e não por você tentar obrigar a outra pessoa a tomá-lo.

54º Erro – Mulher Rapadura fingindo ser *petit gateau* ou vice-versa

> *"Há homens que têm patroa. Há homens que têm mulher.*
> *E há mulheres que escolhem o que querem ser."*
>
> **Martha Medeiros**

A minha antiga frase sobre os relacionamentos amorosos é:

A cada mil rapaduras há um *petit gateau*. Mas, temos notado o seguinte:

Quando a mulher acha o cara maravilhoso demais e considera ele um sonho de consumo e um *petit gateau*, ela se acha uma rapadura. Entretanto, quando ela está com um cara rapadura, daí ela se acha muito *petit gateau* para ele.

Logo, estamos falando de comida, amor ou de egos aqui?!?

55º Erro – Mulher Kamikaze – Eu me mataria por ele

"E ela não passava de uma mulher... inconstante e borboleta."

Clarice Lispector

Eu ouvi uma frase dita por algumas mulheres que se resume mais ou menos assim: que elas adoram sofrer por amor, que se não sofrer, é que não valeu a pena.

Paradoxal? A mulher tem que sofrer, tem que ouvir musica lenta e sertaneja, tem que achar que o cara não a quer!!? O que é esse sofrer?

Será que essas relações duraram na vida delas? Quantas realmente das relações em que houve pressão e conquista forçada duraram? Isso é amor ou ego inseguro?

Será que esta mulher talibã ou kamikaze é fruto do nosso lado histórico ou latino criado pelas novelas de Janete Clair?

Muitas das relações que eu tenho pesquisado têm mostrado questão daquelas que começaram sem sofrimento, e aquelas onde há a possessão e ego da conquista. Qual das duas durou mais? Esta resposta eu não darei, mas você pode pesquisar no seu próprio bairro.

56º Erro – Mulher Bandeira Dois – Um dia ele pagará a conta do meu tempo

> *"Um homem só encontra a mulher ideal quando olha no seu rosto e vê um anjo e, tendo-a nos braços, tenha as tentações que só os demônios provocam..."*
>
> **Pablo Neruda**

Há algumas mulheres que estão com o "Taxímetro" rodando na bandeira 2 de suas próprias vidas.

Há um grupo de mulheres que nunca investiram em entender suas vidas emocionais.

Aprontaram muito. Não entenderam que elas poderiam mudar a vida de seus homens para melhor e consequentemente suas próprias vidas. Contentaram-se com o pouco que recebiam.

Daí algumas ficaram até amarguradas pelo que fizeram para elas. Mal sabem que elas permitiram.

Dai, de uma hora pra outra, resolve ficar boazinha para arrumar o primeiro para namorar, casar e ter um filho, devido sua fase biológica ou de não ter risco de gravidez.

Logo, isso é amor ou salve-se quem puder? Entenda o amor que você está recebendo. Até amor de graça pode ser perigoso...

Tenha foco e sonhos, ambos são os combustíveis da vida.

Considere isso importante para sua vida.

E faça isso como uma analogia a uma viagem de taxi.

Se você não falar para o motorista aonde quer ir, ele não sairá do lugar ou ficará rodando... desperdiçando seu tempo e dinheiro.

57º Erro – Mulher que mamãe mandou eu escolher esse daqui

> "A sorte da mulher depende do amor que aceita."
>
> **George Eliot**

Mamãe mandou eu escolher esse daqui...

Qual mulher nunca cantou isso quando criança, não é mesmo!?!?

É isso. Nas minhas pesquisas, eu encontrei muita guria que não buscou sua evolução emocional, e vive até muita idade, mas focada em agradar apenas sua mãe.

Casaram, namoram, mas sentem solidão... mas tudo bem, a mãe está feliz, pois a filha não está sozinha ou sem futuro e nem será uma "titia".

O problema é que, quem vai dormir e conviver com o homem, marido escolhido, será a filha, e não a mãe.

Portanto, não quer dizer que por ser mãe, a mãe esteja totalmente certa, ou tenha acertado nas suas escolhas enquanto na seleção do seu pai ou marido dela.

Converse com sua mãe, mas saiba filtrar o que é sua felicidade e o qual é a dela.

Ache o ponto de equilíbrio. Seja capaz de "escolher" e "pagar" pela sua felicidade, daí, você não terá que culpar sua mãe ou seu pai por ter dado errado no amor.

O homem dos sonhos pode existir sim, mas acorde para a realidade, você sofrerá menos.

Dai, se o homem perfeito for encontrado por você, você não falará que é culpa apenas da sua mãe ou de Deus, mas da sua cumplicidade na Escolha.

58º Erro – Mulher Miopia – Eu já estou vendo! Eu já estou vendo!

> *"Se há uma coisa que me faria terminar um caso seria se minha garota me pegasse com outra mulher. Eu não poderia tolerar isso."*
>
> *Steve Martin*

Por que há tantas mulheres lindas, gostosas, inteligentes, Independentes, solteiras e reclamando que faltam homens?

As estatísticas e minhas pesquisas buscam a maioria, e não a exceção. Para explicar melhor a constatação, eu apresento a frase que resume a situação:

Quem eu quero não me quer,

Então, quem me quer, não vai me ter.

Parece uma frase de pessoa mimada ou de quem está fazendo birra, não é!?!

Mas é isso que está acontecendo. Muita gente não sabendo distinguir amor, e confundindo-o com orgulho ferido. Com isso, a pessoa fica congelada no tempo e não dando a chance para mais ninguém.

No caso das mulheres, algumas ficam lá por semanas ou meses se questionando:

Como pode? Tantos caras a fim de mim, sou uma mulher gostosa, linda, sexy, independente etc., etc... E aquele outro "filho de uma mãe" ali não me quer? Como é que pode?!?

Enquanto isso, ela não aprende separar o joio do trigo e avaliar direito e sem miopia os seus interessados nela. Ela terá que ceder em algo, cedo ou tarde, o problema é que ela não usa tempo nem energia para identificar no que poderá ceder. está mais preocupada em seu pseudoamor (orgulho)...

Contudo, eu entrevistei mulheres que só cederam quando a água começa a bater no pescoço. Dai, em menos de um ano, por "amor" ou desespero, arrumam o primeiro que aparece se casam e até engravidam.

Os dados mostram sim que há muitos homens que não prestam e que só querem a lei do mínimo esforço. Mas há também muitos caras interessantes querendo relações serias, mas o orgulho e a miopia cegaram o coração de muitas mulheres.

Assista ao filme "eu, robô" com Will Smith. Há uma parte do filme em que ele diz para uma guria:

Você é a mulher inteligente mais burra que já conheci.

Será que essas mulheres da ficção e futuro já estão entre nós?

59º Erro – Mulher Crua ou Bem Passada

> "Um homem poderia ser o melhor amante de sua mulher – se fosse casado com outra."
>
> **Elinor Glyn**

Homens interessantes não gostam de mulher crua, e nem bem passada. Mulher deve ser ao ponto...

Não estou tratando mulher aqui como um pedaço de carne, mas é que as minhas pesquisas têm muitas entrevistas, e eu tento transformá-las num linguajar que todos entendam e seja popular.

Primeiramente, a mulher deve saber identificar o que é um homem interessante.

Não basta ser rico, bonito, gostoso, ter pegada, inteligente, mas não adianta nada se não quer nada sério. E tudo depende da expectativa.

Tudo é questão da mulher fazer de tudo para aprender em que fase o seu pretendente ou homem está. Caso contrário, o risco e o tempo perdidos são exclusivamente dela... e não culpa dele.

Homem interessante não procura mais mulher guria "crua" ou virgem, pois ser interessante é relativo.

A maioria deles não sabe, não quer, e nem sabe o que ensinar a uma mulher.

Da mesma forma que a mulher muito "bem passada", se for um homem inseguro, ele não sabe lidar com ela.

Tem homem que é o sonho de consumo de uma mulher, mas que é tosco e não sabe como tratar uma mulher, pois nem mãe nem ninguém o ensinou, muito menos ele foi atrás para aprender, e acaba generalizando todas as mulheres.

Homens interessantes também estão assustados com o número enorme de mulheres "bem passadas" soltas pelas cidades.

Você chega para conversar com elas, elas já estão "ariscas" e com receio de todos.

Não sabem separar o joio do trigo, achando que todos os homens são iguais.

Elas não sabem fazer as perguntas certas, não sabem ouvir as coisas certas.

Apenas se apegam ao superficial e de curto prazo... e depois se culpam por não acharem homens interessantes. Elas são as principais cúmplices de terem perdido tempo com homens tranqueiras, ou de suas infelicidades.

A fase da mulher deve ser nem "crua" demais e nem "bem passada" demais, deve buscar o equilíbrio estar sempre ao ponto. Não para satisfazer a ninguém, mas a si mesma, sendo capaz de praticar a empatia e de aprender sempre... cometendo novos erros, e nunca os mesmos e achando que terá resultados diferentes.

Na vida, não podemos nos oferecer para quem não quer mais. Somos totalmente livres agora.

Não se ofereça para quem já está dando sinal de vermelho e não quer estar mais com você, como numa churrascaria. Ele já está satisfeito e não quer mais, e pronto. Não insista.

O engraçado é que quando essas mesmas pessoas chegam aos 40 anos de idade, mais ou menos, tudo é colocado em xeque e muda... a pessoa fica mais humilde e consegue ver o mundo sem miopia e mais claro. Não é que os valores mudam, é que a felicidade se torna uma coisa simples... mas, se não for uma pessoa amarga, aprenderá a amar de uma nova forma, e não generalizando e achando que o amor ainda é algo de adolescente e deve usar as mesmas ferramentas dos 15 anos de idade.

Por isso que há tanta gente solteira, e essas estão com medo daqueles que querem tudo muito rápido ou muito lentamente. Ache a pessoa no ponto. Cada um deve ser feliz sozinho, para depois complementar-se com a outra pessoa...

Tudo isso tem uma causa raiz: misturar desejo, paixão, amor e ego como sendo tudo uma única coisa... aprenda a separar.

60º Erro – Mulher de Darwin – Eu faço a seleção natural

> *"A mulher para ser perfeita deve ser passiva e submissa. Todas deveriam ser assim. Permanecer dormindo até os vinte e um anos e só depois despertar para a vida."*
>
> **Pablo Picasso**

Você não é do meu tipo!

Alguns homens que pesquisei comentaram isso comigo: *algumas mulheres com quem eles tentaram abordar para conhecer ou algo mais, depois de um tempo durante a conversa, elas falam: legal conversar com você, mas você não é o meu tipo.*

Revendo minhas pesquisas de zoologia e biologia, existe sim padrões, feromônios, químicas e comportamento masculino e feminino para seleção de seus pares.

São mulheres dando preferência para alguns tipo de corpos masculino (estude mais o assunto ectomorfo, mesomorfo, endomorfo).

São homens dando preferência para alguns tipos de corpos femininos etc., etc...

A minha primeira grande questão deste assunto é: o que te faz feliz no longo prazo?

Não estou dizendo que toda mulher deve agir como caridade e ficar com todos.

Nada de extremismo. Porém, muitas mulheres continuam a procura do homem bonito, sensível, inteligente e disponível. Só que cada vez mais elas estão concluindo que isso tem se tornado uma lenda.

Essas mulheres têm se tornado como "procuradoras" do já falecido e pai da lei da seleção natural, o naturalista Charles Darwin. Ele citava que somente os mais inteligentes e fortes sobrevivem.

Por outro lado, algo tem dado errado nesta seleção natural "do tipo ideal" aplicada pelas mulheres em nossas cidades.

Pesquisei centenas de casamentos e namoros feitos perfeitamente entre tipos iguais, entretanto, na "escuridão" dessas mesmas relações, depois de um tempo, vemos traições, separações, incompatibilidades etc., mas os caras não eram o tipo ideal delas?

Os caras intitulados "tipo delas" e o sonho de consumo tão desejado por elas, suas mães e amigas?!?

Como resolver esta questão? E, como diz a antropóloga Mirian Goldenberg: A mulher independente, em vez de ser vista como uma parceira que pode tirar dos ombros masculinos uma série de obrigações que lhe eram exclusivas, transforma-se em rival, disputando poder, emprego, regalias e exigindo demais do homem. Não é mais uma companheira a ser conquistada, mas uma inimiga a ser vencida. As de 20 não querem compromisso porque estão experimentando. As de 30 entram em crise por medo de não conseguir casar e ter filhos. As de 40 são as mais tranquilas. Já passaram por tantas experiências que são mais realistas na busca de um parceiro.

Eu cito uma história de uma das mulheres entrevistadas, que tinha 32 anos, e sempre procurava um determinado tipo de homem.

Entretanto, para tristeza e preocupação dela, ela confidenciou: nunca havia tido um orgasmo ou beijado tão bem com um cara no padrão de tipo de homem dela ou "incutido" nela. Os melhores gozo sexual e beijo tinham sido dados por alguém totalmente diferente do tipo de homem dela.

Daí eu questionei: como você convive com essa resposta que você não quer escutar!?!? A resposta não veio e pude ouvir barulho do som de grilos ao fundo.

Interessante isso... mulheres perdendo oportunidade de conhecer homens interessantes, só porque eles não são do tipo dela.

Contudo, muitas mulheres que aplicam esse "filtro" depois de muita "porrada" emocional querem ficar humildes e daí, sim, curar a miopia para selecionar melhor seus homens.

No mundo animal, isso acontece também, mas normalmente o novo macho não aceita passado e mata tanto os concorrentes como, no caso do animal, não aceita nem os filhotes dos anteriores.

Algo novo está acontecendo... nesta geração de CDFs e *geeks*, eles também não estão querendo "esmolas" ou "corações" frustrados de mulheres que não queriam eles antes. Eles não são os tipos delas, logo, eles também estão começando a dizer não para mulheres que querem tudo muito rápido para solucionar suas expectativas mal utilizadas.

A pesquisa mostrou que há curas para isso... mas cabe sempre a quem tem o custo maior aprender.

Numa relação emocional, o custo maior sempre será o da mulher, pois ela engravida, ela fica com a prole.

Portanto, se isso é verdade, que a preocupação da mulher deveria ser maior na seleção melhor de um homem.

Se é isso, então, faça direito, pois o modo atual de selecionar pelo tipo não tem dado certo, e vocês têm ficado com a "matilha" sozinhas. O lobo tem ido à caça novamente.

61º Erro – Mulher Gabriela – Eu nasci assim...

> *"Uma mulher que fuja com o amante não abandona o marido, livra-o de uma mulher infiel."*
>
> **Sacha Guitry**

A Síndrome de Gabriela está em várias mulheres nos dias de hoje.

É sempre a mesma frase saindo de sua boca e atitudes:

> *eu nasci assim, eu cresci assim, eu sou mesmo assim.*

Algumas culparam até suas mães ou até o destino por serem assim.

Até quando teremos esta situação?

A maioria das relações não dá certo pelo simples fato da cumplicidade dessas "Gabrielas" soltas pelas cidades.

O mais engraçado é que, quando a consciência cai, ao invés delas culparem a si mesmas, saem culpando os homens. E nem todos são iguais.

62º Erro – Mulher Faxineira – Deixe-me limpar a sua vida?

"Só devemos escolher para esposa a mulher que escolheríamos para amigo, se fosse homem."

Joseph Joubert

Faça uma faxina no seu coração antes de deixar uma nova visita entrar.

Afinal, passado mal resolvido sempre volta, e não adianta esconder as sujeitas debaixo dos tapetes das falsas emoções, É que não é difícil mentir para uma pessoa de que você a ama.

Difícil mesmo é você mentir para si mesmo de que não a ama mais.

Amor é a sede da alma.

Desejo é a sede do corpo.

Aprenda a separar.

63º Erro – Mulher Bela Adormecida, mas independente

> *"Menos mal te fará um homem que te persegue do que uma mulher que te segue."*
>
> **Baltasar Gracián y Morales**

É incoerente. As belas adormecidas da atualidade já são independentes, mas ainda ficam esperando um príncipe "sem atitude" e que só funciona no tranco para acordá-la.

Acorde ou volte a dormir. O tempo e o risco são todo seu.

Muitas mulheres que se dizem independentes demais, dizem que sua independência assusta seus parceiros em relacionamentos.

Constatação: há uma miopia aí. Não é isso, o problema é que elas usam e dão a sua independência para pessoas erradas.

Nunca dê uma Ferrari para quem está acostumado a só pilotar fusca.

Nunca entregue sua independência para quem sempre viveu preso ou dependente.

Somente um homem independente conviveria com uma mulher independente. Ponto Final.

E independente aqui eu não estou falando de lado material, mas de lado emocional.

A união do século XXI é a união de dois inteiros, e não mais de duas metades, escreveu Flávio Gikovate.

64º Erro – Mulher Cheque sem Fundo – Compensará sua vida se quiser

> *"É uma espécie de encanto numa mulher. Se tem charme, não precisa de mais nada; se não o tem, todo o resto não serve para muita coisa."*
>
> **James Barrie**

Você daria um cheque em branco de sua felicidade para alguém?

Muitas mulheres se casam com um homem achando que o ele irá mudar para melhor, enquanto o homem casa-se com uma mulher achando que ela não irá mudar.

Não desconte o cheque de sua felicidade no futuro.

Exija fundo e disponibilidade de crédito de seus momentos especiais hoje, e não no futuro.

Não acredite em promessas de pagamento de amor a prazo. A pessoa que realmente gosta paga agora.

E não adianta penhorar a liberdade da pessoa ou a insegurança para garantir pagamento,

quando a pessoa cria asas, ela voa sem respeitar dívidas emocionais ou favores.

Não existe título futuro de investimento. Paga-se amor agora e com amor.

O risco é todo seu se você deposita toda sua poupança emocional numa pessoa que não tem garantias de atitudes, mas apenas de palavras.

Por isso, para o amor, não existe nota promissória ou cheque, receba hoje e pronto.

65º Erro – Mulher Sem Limite até onde ele for

"Eu antes era uma mulher que sabia distinguir as coisas quando as via. Mas agora cometi o erro grave de pensar."

Clarice Lispector

Por que o QI (Indicador de Inteligência) da mulher cai quando ela se apaixona?

Por que algumas se dizem ficar burras por causa de homens?

Por que algumas mulheres se contentam com tão pouco quando apaixonadas?

Todo manual que deveria ter sido escrito já foi, só que nenhuma mulher quer ler, pois sabe que gerará responsabilidade ou decisões, e muitas não querem confiar na intuição. Acham que um milagre aconteceu na vida delas.

Revisem as mulheres apaixonadas que trocam milhares de cartas com o Maníaco do Parque (SP), Veja o caso das amantes do Hitler (Unity, Valquíria e Eva Brown).

Portanto, mulheres, definam uns limites para seu amor, caso contrário, muitos homens continuarão te achando tão fácil de enganar, e por isso, eles não amadurecem ao seu lado.

66º Erro – Mulher Las Vegas – Aposte em mim que poderás ganhar muito

> *"Literatura é que nem mulher: quando não presta, nem vale a pena perder tempo."*
>
> *Charles Bukowski*

Se você já foi a um Cassino entenderá o que eu estou falando.

Muitas vezes você fica o dia inteiro num caça níquel, colocando ficha, uma atrás da outra, para quem sabe, e der certo, dar o *jackpot*, ou seja, a máquina resolver liberar e te dar todas as fichas, te fazendo um ganhador.

Só que chega uma hora que você cansa de jogar, e nada, e vai embora.

Daí, mal você virou as costas, chega alguém na mesma máquina e, em uma ou duas tentativas, a máquina libera tudo e dá a sorte grande para esse ou essa desconhecida.

Tem acontecido isso em muitos relacionamentos. Você colocou todas suas fichas, tempo e sorte para aquela pessoa, mas a pessoa não retorna nada para você. E você lá.

Daí, essa pessoa de repente dá a sorte toda, fazendo tudo, em pouco tempo, para uma outra desconhecida ou desconhecido: mudando de atitude, casando até etc.

Logo, cuidado, talvez, você esteja depositando suas fichas não na pessoa errada, mas na fase errada da pessoa. Só deposite fichas no momento certo da pessoa, caso contrário, o dinheiro e tempo são seus, e não da outra pessoa. Não tente transformar rapadura em *petit gateau*.

67º Erro – Mulheres Sem Palavra – Prometo que irei avaliar

> *"Aquele que conheceu apenas a uma MULHER E AMOU DE VERDADE, sabe muito mais das mulheres do que aquele que conheceu a mil."*
>
> **Fernando Pessoa**

Homens entrevistados em 5 cidades confirmaram esse comportamento.

Homem quando quer ficar uma noite só, ela não enrola e faz. Entretanto, alguns homens quando querem algo sério, sabem que não é numa única noite que conhecerá toda aquela mulher: comportamento, beleza, atitudes, charme, inteligência, amizade, senso de humor etc., serão vários encontros até decidir se irá ou não namorar.

Por outro lado, homens têm visto que, ao marcar o encontro com uma mulher e os dois sabem que será apenas um primeiro passo para irem se conhecendo, e ambos concordam, o homem sabe que terá que ter paciência.

Mas mulheres simplesmente falam que irão as poucos conhecendo, mas mentem e já no primeiro encontro (consciente ou inconscientemente) já julgam o cara, não dando uma segunda chance para um segundo encontro.

Não aparecem e nem aceitam segundo encontro. Já colocam o homem nas suas prateleiras emocionais, afinal, ela acha que já sabe quem possa ser um "ficante", um marido, um PA, um amigo etc., etc...

O engraçado é que passam-se cinco ou dez anos, depois de porradas emocionais elas começam a dar valor exatamente àqueles caras com quem ela não quis se encontrar novamente.

Cuidado mulheres: entendam o comportamento dos homens. Existe uma ordem no caos.

68º Erro – Mulher Bruxa tomando seu próprio veneno

> *"Era uma vez uma mulher que via um futuro grandioso para cada homem que a tocava. Um dia ela se tocou."*
>
> *Alice Ruiz*

Por que as relações amorosas das Wiccas podem dar mais certo do que as outras?

Normalmente, a mulher casa com alguém aceitando o jeito do seu homem, mas esperando que ele melhore. O que também acontece de forma mais sutil do homem com sua amada.

Qual a diferença do casamento ou namoro Wicca entre outras seitas ou religiões?

Uma vez por ano, o casal tem a coragem, e sem fazer bicos ou mimos, olhando um para o outro, eles se perguntam: valeu a pena a relação no ultimo ano? Se sim, eles continuam se não, terminam ali, como amigos, e cada um segue o seu caminho.

Pronto... é isso. Parar de avaliar sempre é o maior suicídio e perigo de uma relação. Achando que o tempo por si só resolverá tudo.

As demais relações, não sendo Wicca, fazem isso. Cada um esperando o outro melhor, e ninguém se melhora por si mesmo. Dai, quando terminam, é um odiando o outro. Sem amizade, e jogando todo o tempo construído fora.

Logo, só case ou namore com alguém que goste de avaliar e ser avaliado. Ame de graça, mas receba amor também de graça.

Isso não tem nada a ver com seita A ou B, mas com as atitudes que o casal tem diante de suas escolhas.

69º Erro – Mulher Beata – À espera de um milagre

> *"Minha conquista mais brilhante foi a habilidade de persuadir minha mulher a se casar comigo."*
>
> **Winston Churchill**

Durante um passeio, uma moça religiosa, porém fanática, resolve sentar-se no parque e ficar ali refletindo sobre a vida.

De repente, um rapaz se aproxima e a convida para conversar.

Ela pensou: "Humm... nossa... ele não, não é gato. Deus vai mandar outro», e a resposta foi: – Não, obrigado.

Vinte minutos depois, vieram dois rapazes caminhando na direção dela. Um deles arrisca dizer a ela: você é a musa deste parque.

E ela pensou: "Humm... homem muito dado e oferecido, e fácil demais, não deve prestar.

Deus vai mandar outro"... E a resposta foi: – Não, obrigado.

E assim se deu até o final do dia... e sempre ela achando que o destino ou um cupido mandaria o seu amado no próximo.

Quando chegou a hora de ir embora, uma cigana resolve forçar a leitura da mão dela para mostrar-lhe o destino.

A moça, desconfiada, pergunta a ela, mas timidamente para ninguém ouvir:

Onde estará o meu homem e amado príncipe da minha vida?

A cigana responde: minha filha, aqui não mostra nada disso no seu futuro.

A menina, não acreditando e já querendo fugir da cigana, exclama:

– Puxa... eu confiava em Deus. Por que Ele quer deixar-me só?!?

A cigana, evitando deixar a moça fugir, segura-lhe a mão e responde:

– Filha, eu não vi o futuro, mas vi o passado. Na verdade, hoje Deus te mandou uns quatro tipos de homens. Cada um não para atender as suas expectativas, mas para melhorar onde você precisa. E você não aceitou nenhum deles.

O que mais que você queria que Deus fizesse?

70º Erro – Mulheres da Máfia – Cada uma por si?!?!

"Minha sogra destruiu meu casamento. Minha mulher voltou para casa mais cedo e me pegou na cama com ela."

Lenny Bruce

Mulheres: Formem cartéis – Uma reflexão para mulheres que não misturam economia com amor.

Uma "união feminina" elevaria sim a qualidade masculina bem como os cartéis elevam os preços.

A sociologia e a antropologia não se assustariam com isso. Sim, padrões e novos hábitos podem ser formados quando os formadores de opinião são seguidos pelos demais. E tem sido assim há milhares de anos. A moda, comportamentos etc. que imitamos foram criados por alguém recentemente ou muito tempo atrás.

Como não existem os "cartéis" femininos ou uma união, os homens acabam ficando preguiçosos. Isso por quê? Todas aceitam um comportamento não ideal deles

As mulheres desunidas não têm poderes, poderes como:

- Não Ensinar os filhos a não serem machistas.

- Buscar novos conceitos de romantismos do que os já defasados "abrir a porta do carro", pagar a conta no restaurante e ir buscar sempre em casa

- Parar de brigar e fazerem intrigas entre si, mulheres, é muita energia dispensada para nada

- Ter em mente que os shoppings centers e centros de beleza (cabeleireiros, manicures e podólogos) não vão acabar, por isso, não precisam exagerar na dose, mesmo que o intuito seja de nos agradar. Retardando assim o crescimento sociável.

- Não achar que elas são concorrentes do futebol e do boteco com os amigos

- Seja justa e não culpe os homens ou as outras mulheres pelos erros que você cometeu. Seja imparcial

71º Erro – Mulher Plano B – Eu te espero, tá? Me liga!

> *"A maior grosseria que se pode fazer a um homem que roubou a tua mulher é deixá-la para ele."*
>
> *Sacha Guitry*

Você é uma mulher contingência ou plano B?

Alguns homens, na sua indecisão e fora de foco, saem congelando algumas mulheres por aí.

Ele não diz que sim, e nem diz que não. Esta é a situação pior.

Os ideais é o que dizem não querem nenhum futuro, daí cabem a vocês decidirem juntos se ficarão ou não de vez em quando. Tipo um PA.

Agora, há muitos homens que não te apresentam para a família, não te apresentam as suas vidas, mas ficam te enrolando, e a mulher aceita. Ela acredita que um dia ele voltará correndo para ela.

E para piorar, ela recusa o assédio de outros homens que gostem dela.

Ele não a apresenta para ninguém como namorada ou ficante fixa, mas todos sabem que ficam as escondidas.

Para ele, é cômodo, pois ele ficará nesta situação enquanto não achar alguém melhor.

Não há nada errado nisso tudo, exceto se alguém está com expectativa demais e o outro não. E, ainda, a mulher está perdendo tempo e chance de conhecer outros, como já encontrei e entrevistei mulheres assim.

Cuidado, a culpa não é do homem, é sua mulher que não quer ver o que está claro.

Seja plano A na vida de um homem, não uma contingência para suas madrugadas.

72º Erro – Mulher dos Cinco Tons de Rosa – Cadê meu namorado que eu deixei aqui?!?

"Nenhum homem conseguiu descobrir a forma de dar um conselho amigo a uma mulher, nem mesmo à dele próprio."

Honoré de Balzac

Eu acredito que houve uma tentativa de idealizar, não para a maioria das mulheres, da versão para o século XXI do novo príncipe encantado. Seria uma versão 2.0 daquele príncipe dos contos infantis e belas adormecidas também perdidas nos tempos atuais. É sempre uma tentativa de mostrar um homem que vem para "salvar" ou direcionar uma mulher.

Seja essa uma adolescente virgem ou, pior ainda, mulheres que se dizem maduras mas ainda agem como virgens. Trocamos as carruagens da antiguidade pelos carrões, e trocamos as carícias pelo cala boca e beija logo E trocamos a rosa pelo chicotinho erótico...

- 1º tom de rosa). Somente após muita vivência (média de 30 anos) é que algumas mulheres aprendem totalmente quem são enquanto comportamento social, sexual, material etc., etc... E aprendem também como funciona a cabeça de um homem (as duas). Logo, quanto mais antecipar esse aprendizado, com certeza tudo mudará nos seus relacionamentos e não haverá um que guiará; os dois alternarão a direção, seja na vida a dois ou até na cama.

- 2º tom de rosa). Muitas mulheres, em busca da segurança de serem "mantidas" ou "amadas" por alguns tipos de homens, estão quase que perdendo a própria segurança e o amor-próprio. Algumas que entrevistei concluíram que o melhor caminho teria sido buscado suas independências primeiro, aprendido como selecionar um homem, do que se entregarem somente à fantasia do príncipe encantado que "bancaria" a felicidade delas.

- 3º tom de rosa) O pico sexual durante a vida da mulher acontece entre seus 30 e 45 anos. Logo, homem, se você tiver casado ou esteja namorando uma mulher nesta fase, e não for preguiçoso, você se surpreenderá com essa mulher, não precisando procurar outra fora de casa. Mulher, aprenda a inovar nisso; cabe a você e às suas mãos, com muito carinho e senso de humor, relaxar a mente do seu homem para que ele continue sempre "duro". Homem, prepare-se para isso tudo... ação gera reação...

- 4º tom de rosa) Atualmente o que menos falta é a possibilidade de fazer sexo. Agora, mulher, se você quer algo mais além de sexo e longo prazo com o seu homem, eu sugiro a você aprender a selecionar e a amar melhor. Sinta com a mente e pense com o coração. Queremos fantasia, mas é da realidade que precisamos.

- 5º tom de rosa). Todas as mulheres estão prontas para a sexualidade, mesmo sem a teoria. O problema é que muitas delas não encontram o parceiro ideal para aprender, brincar ou sanarem dúvidas conjuntamente. Logo, mulher, namore ou case-se somente com um homem com quem você possa conversar de tudo, e o homem não faça "biquinho" de contrariado. Não deveria ser o amor de vocês que está em jogo, mas o processo que os une é que talvez tenha que ser melhorado...

Algumas pessoas perguntam da razão de eu escrever assim; eu respondo: para melhorar as relações, o homem tem que mudar. Para os homens melhorarem, as mães têm que mudar. E, logo, para as mães melhorarem, a mulher tem que mudar... Eu escrevo para o futuro...gosto sempre de ir na raiz de tudo...

73º Erro – Mulher Tabuleiro – Você errou, volte dez casas e comece de novo

> *"Num bom relacionamento, a proporção de poder entre o homem e a mulher deve ser um a um."*
>
> **Elizabeth Hurley**

Como é impossível passar na vida sem errar, logo, eu acredito, nas minhas pesquisas, que o ideal é errar, mas cometer sempre novos erros e nunca os mesmos.

Einstein disse que "...é ignorância fazer sempre a mesma coisa e esperar resultados diferentes..."

Logo, a vida é como esse imenso tabuleiro, tipo aqueles que jogamos quando adolescentes.

Nós temos que ir ganhando, aprendendo, casa por casa, ponto por ponto. O problema é que eu tenho encontrado e pesquisado pessoas sendo repetidamente reincidentes dos mesmos erros emocionais... ou seja, a pessoa só tira a carta "volte dez casas" e nunca avança...

É isso que você quer com o seu tempo?!?!?

Mulheres: como muitos homens não tiveram "educação emocional ou sexual" da família, você está sendo "santa" em tentar curar alguém.

Homens: como muitas mulheres só trazem expectativas, não precisa mais mentir em pleno século XXI; mesmo que seja por apenas uma noite, conquiste amigas, e não só apronte.

74º Erro – Mulher Amnésia – Eu não me lembro de você

"Muitas vezes a única coisa que separa um homem encantador de uma mulher encantadora é serem casados um com o outro."

Gaston Caillavet

Há um livro em que o cara quer conquistar a mulher, mas a guria não sabe se fica ou não com ele.

De repente, a guria deixa-o sozinha com um amigo.

E o cara comenta com o amigo:

– Nossa, como eu queria conquistá-la para poder esquecê-la.

Isso é muito do que rola no mundo masculino sem uma inteligência emocional.

O homem padrão foi ensinado "sem ensino" a ser caçador e predador, e não fazendeiro e mantenedor.

O homem padrão foi doutrinado para valorizar o seu ego, e não o ego do próximo.

Como esperar que o homem "pegue" todas as mulheres do mundo para demonstrar sua masculinidade e, mesmo assim, querer dele ser um homem de família?

Isso é possível somente por vontade própria para quebrar esse paradigma.

E isso não cura com o tempo, pois há homens de cinquenta e poucos anos agindo como os de quinze.

A cura está sempre dentro, e não fora.

O interessante é que, nas minhas pesquisas, eu tenho encontrado homens que depois de pegar e pegar tantas, estão concluindo que muitas das separações e problemas que eles apontavam nas outras pessoas eram problemas, na verdade, deles mesmos.

É ótima essa conclusão, mas conclusão não vale nada se não houver prática.

75º Erro – Mulher Ex – A condenação eterna

> *"Tirai do mundo a mulher e a ambição desaparecerá de todas as almas generosas."*
>
> **Alexandre Herculano**

Nas minhas pesquisas e conversas eu cheguei a mais uma louca conclusão:

As mulheres estão criando a campanha "Arrume uma mulher para o meu Ex" enquanto isso os homens estão criando a campanha "Arrume um homem para a minha ex".

Como eu já havia citado, muitas mulheres estão aprendendo a amar quando "a água está batendo no pescoço", ou seja, após do primeiro ou segundo casamento, e os homens após terem investido entre 200 a 300 mil num ou dois casamentos.

Diante disso, e após vários ou um casamento, os dois ficam tão inimigos, na maioria das vezes, que somente arrumando outro parceiro ou parceira para o ou a ex é que terão paz.

O único motivo que faria eu parar de escrever ou pesquisar sobre o assunto seria se a maioria dos divorciados fossem amigos. O que não é verdade.

76º Erro – Mulher Mecânica – Só fica com quem pega no tranco

> *"A beleza na mulher honesta é como o fogo afastado ou a espada de ponta, que nem ele queima nem ela corta a quem deles se aproxima."*
>
> **Miguel de Cervantes**

Você adora se relacionar com pessoa que só funciona no tranco?

Nas minhas pesquisas, o homem odeia os joguinhos que algumas mulheres fazem.

Elas já sabem a resposta, mas postergam para "cozinhar o cara" e deixá-lo como plano B.

Logo, homens, estamos todos no mesmo barco, não idolatre sua mulher até conhecê-la como amiga e mulher.

Nas minhas pesquisas, também, aprendemos que o homem quando quer, ele "vende até a mãe", seja para fazer algo certo ou errado, por pouco ou muito tempo. Logo, mulheres, não acreditem mais em palavras, mas em atitudes.

Tem homens que só aceitam fazer algo quando você ameaça terminar, ou tentam te comprar com presentes, só para não ter que resolver o real problema.

Logo, fujam do atoleiro e de quem não sai do lugar... Estamos no século XXI

77º Erro – Mulher Curandeira de Canalhas – Eu vou te curar

> *"Todo crítico é exatamente como uma mulher na idade crítica: rancoroso e reprimido."*
>
> **Cesare Pavese**

Não perca tempo tentando transformar um canalha num homem do seu jeito

Para cada 100 rapaduras há um *petit gateau*.

Não escolha alguém na fase "lixo" e queira "transformar" esse alguém para uma fase *"gentleman"* ou *"lady"*. Só faça isso, se você tiver muita paciência, tempo e espera ganhar um prêmio Nobel. Respeite a evolução, a escolha do caminho e as prioridades de cada um.

Todos os homens e mulheres gostariam de se casar com a Mulher-maravilha ou com o Super-homem, porém há 90% de chance de acabarem se casando com alguém que virará no médio ou longo prazo o Homer ou a Marge Simpson, ambos personagens do desenho animado. Há muita fantasia na imagem do homem do que propriamente realidade. Você já imaginou um filme mostrando o personagem James Bond 007 cuidando de uma criança no dia a dia?!?! Saiba separar fantasia da realidade. Fique atenta.

Busque menos o ideal e mais o real no homem.

78º Erro – Mulher Pensão – Eu não vou ter filhas que ficarão para tiazinhas

> "Despendo mais energia numa discussão com a minha mulher do que em cinco conferências de imprensa."
>
> *Charles de Gaulle*

Cuidado de pressionar demais alguém para casar cedo, esse cara talvez queira viver e aprontar depois de casado.

O grande risco no longo prazo de uma mulher se envolver ou "criar" e contribuir na formação de um homem "teleguiado", é esse mesmo homem que perder sua capacidade de decidir. Aí, cedo ou tarde, ele irá conhecer o mundo como ele realmente é, e talvez, queira compensar o "tempo perdido" e fazer tudo ao mesmo tempo.

Não se espante ao ver homens casados ou não, não importa a idade, fazendo de tudo para poder compensar um casamento feito tão cedo e sem a devida preparação ou maturidade. Eles começam a focar mais no que estão perdendo (outras mulheres ou momentos), do que no que estariam ganhando com a mulher atual.

O homem melhorará somente se suas mães ensinarem. Só que direta ou indiretamente, nós, homens, sempre tínhamos uma pseudoliberdade; as mulheres é que estão nos últimos anos tentando aprender a conviver com suas conquistas. Porém, os dados de algumas cidades mostram que, em alguns casos, as mulheres estão "virando o homem dos tempos modernos".

O que isso significa? Elas estão devolvendo aos homens tudo o que eles fizeram para elas, ao invés de nos ensinar uma nova forma de conviver e amar, bem como ensinar aos seus filhos a forma correta de como tratar as mulheres.

Você está preparada no caso de ser vista como titia?

Um outro fato ocorre, então. As entrevistas mostraram que, se essas mulheres que ficaram solteiras passam dos 30 anos de idade com devida experiência emocional, aí sim elas começam a dar valor a coisas que antes não acreditavam.

Em alguns casos, se apaixonam até rapidamente pelo primeiro que se encaixa no "suposto perfil ideal" pois, depois dos 30, para elas é uma situação decisiva e crítica não serem vistas como "titias", além do medo que muitas têm de envelhecer e não conseguirem ser mães... Isso se as cicatrizes emocionais do passado não forem tão grandes, pois geralmente as mágoas surgem por elas investirem demais ou criarem expectativas excessivas na pessoa errada.

Nas entrevistas que conduzi com mulheres de várias idades, pude constatar o seguinte: o que elas esperam de um homem na adolescência muda completamente na faixa dos 25 anos, e depois dos 30 e 40 anos. Ou seja, quanto mais maduras elas ficam, dão mais valor aos seus sentimentos e necessidades pessoais, e menos importância à opinião da sociedade como um todo.

Mãe ou mulher... não force suas filhas a se casarem somente para atender às suas expectativas...

Deixe-a livre para o tempo e a maturidade ideal. Incentive-a a estudar, viver e conhecer o mundo, as pessoas e a si mesma... Não a deixe chegar vazia num relacionamento, preocupando-se apenas com beleza e coisas materiais. Incentive os seus filhos homem e mulher a serem ricos espiritual e emocionalmente. Somente com essa riqueza é que seus filhos serão ricos literalmente no longo prazo. É que tem cada coisa absurda acontecendo no mundo, seja em mansões ou em favelas. Hoje a expectativa de vida é de 74 anos para mulheres e 70 para homens. A riqueza emocional deve ser alta para compartilhar 40 ou 50 anos de casados. Pensem nisso.

79º Erro – Mulher Mãe – Eu vou substituir sua mãe

> *"Para aqueles que não entendem de amor, a Terra não é redonda nem quadrada; é chata."*
>
> **Neimar de Barros**

Você é esposa ou mãe do seu companheiro?

Mãe ou mulher... ensine a suas filhas serem parceiras e respeitar as outras mulheres. Isso mesmo.

Não precisa ser amiga de todas, mas "fazer a outra mulher" somente o que gostaria que te fizessem. Exemplo: ensine à sua filha a nunca, nunca mesmo sair com alguém que tenha namorado ou seja casado. Se um cara com namorada ou casado está saindo com você ou com sua filha, isso não o impede de fazer o mesmo quando estiver com você. Homem que é homem está sozinho e procura sua mulher. Homem que é homem arrisca nos seus sonhos, mesmo que no final fique sozinho.

Mãe ou mulher... tenha coragem de conversar os assuntos mais difíceis pelo menos uma vez antes de casar com o seu futuro marido.

Se essa conversa não terminar de forma respeitável, reflita e aguarde mais, pois é a capacidade de conversar que provará que sua relação durará e não aceite um presente do seu noivo ou marido para evitar a conversa... é que muitos homens preferem te "comprar" com algo do que conversar. E você se torna cúmplice ao aceitar.

Não pense e nem deixe seu amor se transformar em ser mãe do seu homem

80º Erro – Mulher com Gravidez Precoce – Eu quero o filho mas o homem é o custo

> *"Se você for chata, suas amigas te perdoam; se você for egoísta, suas amigas te perdoam. Agora, experimente ser magra e linda..."*
>
> *José Simão*

Nunca mesmo pense em ter um filho para salvar a relação.

Mãe ou mulher, se sua relação não está boa, procure ajuda especializada para o casal, se for o caso, mas em hipótese alguma, nunca, mas nunca mesmo, pense em ter um filho para salvar a relação. O filho irá piorar a relação caso esta mesma relação familiar não esteja construída numa base forte. Não uma relação de perfeição, mas de capacidade de diálogo e cumplicidade.

Não tenha filhos para agradar parentes ou a sociedade.

Mãe ou mulher... tenha exclusivamente filhos se o desejar, se o casal desejar. E, ainda, reflita bem sobre a quantidade de filhos desejada pelo casal. É que quanto mais filhos vocês tiverem, independentemente de estar faltando ou sobrando dinheiro, menos tempo haverá para uma agenda do próprio casal. É que, do que adianta ter muitos filhos se o amor dos pais se desfizer no longo prazo? O importante não é quantidade, mas qualidade.

Não deixe seus objetivos acabar após se casar, ter filhos e os filhos irem embora.

81º Erro – Mulher Assistência Técnica – Não se preocupa em ficar dando manutenção

> *"É que eu sou tão chata, errada, imperfeita, bagunçada, tão cheia de defeitos, que às vezes é bem difícil acreditar que alguém poderia gostar de mim."*
>
> **Desconhecido**

O que fazer no primeiro dia útil após a lua de mel?

Mesmo após o dia do casamento até os próximos anos, dia após dia, continue sempre namorando. Não deixe a chama do namoro se apagar. Continue deixando e escrevendo bilhetinhos, enamorando, encantando um ao outro. Mesmo com coisas simples, isso fará diferença. Está sem dinheiro? Vá caminhar na praça com o seu amor, converse sobre a vida, desde coisas fáceis até as difíceis, façam sua parte, e os anjos ao redor de vocês farão a parte deles. Nem sempre a felicidade se compra com dinheiro, mas com atitudes.

Você pode ficar com caras ótimos no pré-venda, mas somente se case com um homem excelente no pós-venda.

Na maioria dos casos, os homens sabem escolher suas namoradas ou esposas (conquistas), porém não são tão bons na manutenção do relacionamento no longo prazo.

Do outro lado, na maioria dos casos, as mulheres não sabem escolher seus namorados ou maridos (conquista), porém são ótimas na manutenção do relacionamento no longo prazo.

É essa luta entre "pré-venda" e "pós-venda" que deve ser vencida e estudada para salvar qualquer tipo de relacionamento no longo prazo.

Isso se alguém o desejar; agora, se for algo para "uma noite somente", o negócio é relaxar e não haver cobrança de nenhum dos lados, desde que seja de comum acordo.

A mulher escolhe o homem, mas é ele quem bota tudo a perder

Para muitos, é certo que é a mulher que escolhe seu homem, porém é certo também, pelo menos pelas estatísticas, que é esse mesmo homem que ela escolheu que fará alguma coisa errada para jogar tudo para o ar.

Não existe mulher que já não tenha escolhido seu homem, mesmo que de forma não correta. Ela esquece toda lógica para escolher exclusivamente o homem que lhe dá o maior "tesão" no primeiro contato e somente depois da maturidade, talvez, ela mudará esse critério e verá outras coisas além do tesão. Ela focará mais em se agradar e suprir suas necessidades do que as de pais, amigas ou da sociedade.

Falo de sociedade porque a mulher da América Latina escolhe o homem para o curto prazo, enquanto a europeia, a asiática e a norte-americana focam no longo prazo. Lógico que estatisticamente falando. Isso quando falamos de relacionamento sério, e não dos "casuais".

82º Erro – Mulher Festeira – O meu casamento será o maior de todos

"Eu me apaixonei por você e quando estou apaixonada fico extremamente possessiva, chata, ciumenta, boba e isso não é nem o começo. Mas agora me aguente, ninguém mandou roubar meu coração."

Mallu Moraes

O tamanho da festa de casamento não é sinônimo de felicidade. Quanto maior a festa, talvez, menor duração tenha o casamento.

Eu pude pesquisar casamentos famosos e de não famosos que custaram entre 50 mil a milhões de reais e que duraram apenas dois ou três anos, sem falar daqueles que duraram apenas seis meses. Por outro lado, eu encontrei casamentos que custaram apenas uma cabeça de gado para o churrasco ou R$ 500,00, nos valores de hoje, valor ainda rateado e presenteado pelos padrinhos. Casamentos esses que já estão durando 28 anos.

83º Erro – Mulher Exagerada – Eu te amo mesmo você não me amando

> *"Mulher não chora se olhando no espelho por vaidade mas pra se fazer companhia."*
>
> **Tati Bernardi**

Amor demais Estraga

O amor demais estraga quando não tem limites e inibe o desenvolvimento do lado animal e instintivo de um jovem ou criança, pois os seus pais não começam a mostrar aos seus filhos que algumas descobertas e conclusões deverão ser vividas pelos próprios, e não pelos pais. Muitos pais evitam "mágoas" ou "experiências" dos filhos, e esses quando chegam a momentos de decisão na vida não sabem decidir, pois seus pais não os prepararam. Pensamento esse que eu tenho e vai de encontro com o do renomado psiquiatra brasileiro Içami Tiba

Só se case com alguém que você tenha medo de conversar algo.

Ao conversarem nunca entendam como sendo uma crítica ou não mais existência de amor. Mas é algo para que ambos evoluam; o início do fim é quando começa a haver a apatia, ocupando o lugar da empatia.

Não acredite em palavras dos homens, mas somente em suas ações

Notem que pode haver milhares de mulheres que adoram homens com atitude, mas há também aquelas que não gostam deles assim.

Elas gostam de ter o controle e acham que assim a relação se torna previsível, e consequentemente elas correm menos risco.

Eu não estou dizendo que isso é ruim, pois em alguns casos a mulher faz isso para tentar dar uma proteção maior da convivência e da união.

O lado ruim disso é quando, no longo prazo, a relação e o amor esfriam, sem falar do tesão; um acaba vendo o outro como um grande amigo, o que não é ruim, mas deixam de namorar e de ter projetos individuais.

Para alguns casais, o que está dando certo é possuírem uma agenda somente para o casal, uma para os filhos, outra para si próprio, cada uma tendo o seu respectivo tempo, não deixando uma interferir na outra.

84º Erro – Mulher Calcinha Bege – Acha que as cores não importam ao homem

> *"As sair para o encontro com uma mulher, não se esqueça de levar o chicote."*
>
> *Friedrich Nietzsche*

Não deixe o fogo se apagar.

Não deixe o seu charme acabar com o tempo. Uma dica: mulheres, acabem com todas as calcinhas beges (só use em situação extrema); e homens, nunca usem uma cueca rasgada: joguem-nas fora ou costurem-nas. Temos hoje todos os tipos de complementos e acessórios baratos ou caros para manter e atrair aromas diferentes para ambos, bem como cores diferentes para os olhos de vocês dois. Cada um deve se cuidar, e não esperando exclusivamente que um seja o pai ou mãe do outro.

Tenham uma agenda exclusivamente para o casal.

Isso mesmo, deixe as crianças um dia com as sogras, tios ou amigos. Isso mesmo, pois um dia, se vocês forem pais ideais, ensinarão seus filhos a voarem e governarem a si mesmos. Conciliem a agenda de vocês para assim voltarem sempre com paixão e carinho, para juntos terem a capacidade de compartilhar a educação dos filhos.

85º Erro – Mulher à Deriva – O vento me leva

> "Num matrimônio ha três pessoas: o homem, a mulher e a terceira pessoa formada pelos dois."
>
> José Saramago

Mulher tem que ter foco.

Mulheres, sinto dizer, mas ainda vou fazer uma camiseta para vocês com os seguintes dizeres: "Mulheres, homem quando quer vende até a mãe..."

Portanto, se ele não fez algo que você esperava, é que ele não quer fazer, pelo menos, para você. Ponto final. E é a pior coisa e perda de tempo vocês quererem forçar alguém a fazer algo só para satisfação própria; isso não é amor.

O homem, mesmo para fazer a coisa mais errada de sua vida, quando decide faz, mesmo que dê tudo errado. Quando ele quer, ele arrisca. Agora, se ele não arrisca ou deixa de fazer algo que você espera, desencana, e mais: a decisão está em suas mãos.

Vocês já devem ter percebido que homem faz coisas sem pensar, sem medir muito as consequências...

Planejem juntos

As três coisas que mais provocam divórcios ao redor do mundo são: educação dos filhos, questão financeira e falta de companheirismo/temperamento. Portanto, planejem e revejam sempre juntos os planos e objetivos de vocês para curto, médio e longo prazos. Façam isso sempre a cada dois anos... vocês verão que a paixão de pensarem e planejarem juntos fará diferença. Vocês são sócios na construção de sua própria felicidade. Não terceirize isso.

Meditem juntos.

O casal deveria buscar trazer sempre paz e reflexão para o lar, seja através de uma doutrina religiosa ou espiritual, para assim terem forças para achar que talvez, caso eles acreditem, um deus possa ajudá-los a resolver qualquer coisa. Uma vez por semana, pelo menos uma hora ou meia hora, façam orações juntos. Tenha certeza de que os anjos ouvirão.

Você não trabalha no metrô. Não deixe que ele sempre coloque você para baixo. Você adora se sentir culpada e ele adora que você se sinta assim.

86º Erro – Mulher Terapeuta – Curar os traumas do homem

"A mulher que se preocupa em evidenciar a sua beleza anuncia ela própria que não tem outro mérito melhor."

Airlane

Case-se com o seu melhor parceiro, mesmo que não seja o mais amigo.

Sem falar do próprio filósofo Friedrich Nietzsche, que escreveu no final do século XIX: "...ao pensar sobre a possibilidade do casamento, cada um deveria se fazer a seguinte pergunta: você crê que seria capaz de conversar com prazer com esta pessoa até a velhice? Tudo o mais no casamento é transitório..."

Não procure exclusivamente o oposto no parceiro ou parceira sentimental.

Procure as similaridades e afinidades. Pare de acreditar na frase "os opostos se atraem". Acredite numa relação sadia baseada também na admiração, no intelecto e como ambos lidam nas relações interpessoais.

Nunca se case com alguém só pelo fato de querer sair da casa dos pais ou de algum outro problema que não seja exclusivamente o seu amor por alguém.

Deixar de aprender a curtir coisas sozinhos (sem dependência). Ser independente e não ficar à sombra de ninguém

Quando não desejarem namorar ou ficar com alguém, digam logo a verdade e não fiquem enrolando os homens, como se quantos mais homens a fim dela, mais o ego dela estará melhor.

Busquem rir sempre juntos. As risadas são o termômetro da relação.

87º Erro – Mulher Intocável – Eu nunca serei uma amante de homem comprometido

> *"Ser solteiro não significa que você não sabe sobre amor... Significa que você sabe o suficiente para não perder o seu tempo com qualquer pessoa."*
>
> **Guilherme Assemany**

Ainda tem muita mulher que é pega descobrindo com cara de tonta, pois o cara com quem ela está saindo tem namorada ou é casado.

Eu dou as seguintes dicas para vocês não caírem mais nisso. Desconfie se o cara:

- Não te levou na casa dele até dois meses saindo juntos.
- Não saíram juntos dois sábados seguidos, dormindo juntos. Principalmente depois do segundo mês.
- Não te passa o telefone fixo da casa depois do segundo mês.
- Procure no Google informações do cara, por texto e imagens.
- Se for algum amigo ou amiga que te apresentou o cara, pergunte sobre ele.
- Desconfie se prometeram tudo para te levar para a cama. Se você quiser ir, vá, mas sem promessas exageradas.
- Evita lugares públicos de alta circulação, como shoppings e parques ao seu lado.
- Não atende celular quando está em sua companhia.
- Não atende sua ligação em horários estratégicos.
- Diz que não tem Facebook; hoje em dia todo mundo tem Facebook ou Linkedin.

- Passa a você um perfil do Facebook com "cheiro" de *fake*, com poucas fotos ou fotos com óculos escuros, fotos que dificultam a rápida identificação fisionômica, sem contatos de familiares, apenas alguns amigos etc.

Somos pesquisadores de relacionamento e queremos salvar a família. Com isso em mente, nós queremos prestar este serviço de utilidade pública para as mulheres que reduzem seus QIs quando estão apaixonadas.

88º Erro – Mulher à *la Carte* – Eu espero que me sirvam a felicidade

> *"Uma mulher sem mistérios é uma mulher sem magia. Por isso eu sou um universo impossível de se desvendar! Eu sou mesmo assim..."*
>
> **Eliane Azevedo**

Eu acho que há dois tipos de felicidade na vida: à *la carte* e *self service*

Na à la carte, você simplesmente escolhe o que deseja e espera que alguém te traga. Daí sempre terá a opção de culpar alguém caso você não goste do que recebeu.

Na *self service*, você simplesmente "levanta a bunda" da cômoda cadeira e vai ao banquete da vida escolher o que deseja, e realmente traz e escolhe o que deseja, ao seu sabor e vontade, e pode viver à vontade, até deixando no prato o restante de felicidade para viver depois. Nesta opção de felicidade você é cúmplice de suas escolhas e deve aprender com elas.

89º Erro – Mulher de Bandido – Ele tem direito a vários recursos

> *"A mulher te acorrenta através de teus desejos. Sê senhor dos teus desejos e acorrentarás a mulher."*
>
> **Eliphas Levi**

Este capítulo é sintetizado com a seguinte história. A menina chega na mesa e diz em voz alta para todas as amigas, com intuito de ficarem com inveja dela: "Conheci um cara que era 'um sonho de consumo'." Ela gosta de ver que todas ficaram, mesmo por um instante, desejosas de terem sido ela. Afinal, ela "enche a boca" e diz orgulhosa: o cara era lindo, gostoso, independente etc., etc...

Três meses depois, as mesmas amigas perguntam como estava a relação com o tal personagem sonho de consumo. Já sem tanto orgulho assim, a mulher responde: "Veja bem, eu descobri que o cara era o maior estelionatário. Até uma ex dele encontrou-me para falar dos golpes que dava nas meninas que ficavam com ele. Dinheiro, carro etc., etc... Mulheres que, cegas pelo encanto que ele tinha sobre elas, as seduzia para conquistar tudo."

Como muitas das mulheres que encontramos nesta situação tinham recursos financeiros sobrando, elas não acreditavam que amor sem investimento não valia a pena. Logo, elas bancavam a vida desses caras só para demonstrar para as amigas que tinham um "gatinho" ao lado. Afinal, as aparências valem mais do que a realidade.

90º Erro – Mulher Indiana Jones – Amor sem aventura não presta

> *"Quantas vezes tenho vontade de encontrar não sei o quê, não sei onde, alguma coisa que nem sei o que é e nem onde perdi."*
>
> **A mulher do viajante no tempo**

Este capítulo é sintetizado com outra história. A menina chega na mesa e diz: "Amor só vale a pena se 'sofrer', se doer, se me tirar do sério."

A maioria das mulheres nas grandes cidades só tem encontrado aventura, mas nada de amor. Aventuras de um final de semana, aventuras de um mês etc., mas apenas aventuras. Tudo em busca da sensação de "frio na barriga". Ao confundirem paixão, desejo e tesão com o amor, acabam sendo "presas" dos homens aventureiros que não querem nada sério. Querem apenas um sexo casual. Afinal, homem que é homem de verdade sabe selecionar a mulher que cede facilmente às suas aventuras daquelas que eles realmente iriam ou poderiam namorar e casar.

Afinal, homem que é homem tem um código secreto, que é:

Ele pode até ficar com a mulher que é de casar, mas ele não pode casar com a mulher que é só para ficar.

Cuidado como você esteja "classificada" ou "rotulada" pelos homens no meio social que frequenta.

91º Erro – Mulher Camarote – Se não tem pulserinha não tem chance comigo

> *"Aos 22 anos decidiu encontrar um marido. E encontrou, mas o marido não era dela."*
>
> **A mulher que não sabia amar**

Não há condenação em sentir-se bem no mundo do glamour e da exclusividade.

É maravilhosa a sensação de estar com uma turma de colegas ou amigos num iate ou num camarote regado de champagne à vontade. Entretanto, pode-se tirar a pessoa da ralé, mas nunca a ralé da pessoa.

Os caras que são realmente bons partidos ou os "pegadores" sabem conhecer de longe ou através de referência quem é interesseira ou parceira.

Os homens vão respeitar aquelas mulheres que tentam ajudar o grupo, criando ótima energia, animação, mesmo que não tenha recursos financeiros. O problema é quando a mulher não é simpática, mas só trata bem os caras pelos "presentinhos" e luxos que eles podem proporcionar.

Logo, cuidado se você é uma dessas; ao invés de você estar brincando com eles, eles estão brincando com você e te colocando "na roda" só para entretenimento.

Isso até a próxima que vier te substituir.

Amizade e carinho podem ser encontrados em favelas ou iates, mas somente poucos sabem selecionar as ótimas energias e autenticidade.

Mesmo que você viva numa favela, não deixe a favela viver em você.

Seja você pobre ou rica, se tiver uma energia boa as pessoas interessantes farão de tudo para tê-la ao redor.

92º Erro – Mulher Ditadura – Eu nunca cederei em meus padrões de exigência

> *"Um sorriso é a mais bela maquiagem que uma mulher pode usar em seu rosto."*
>
> **Rafael Laimer Bilibio**

Há um trecho de filme de Hollywood que diz o seguinte:

"A mulher narrando sua trajetória emocional para uma amiga concluiu:

- Aos dezoito anos, ela queria um príncipe encantado, lindo, rico, gostoso, amável, sensível etc.
- Aos vinte e dois anos, ela queria um homem bonito.
- Aos vinte e cinco anos, ela queria um homem sensível.
- Aos vinte e sete anos, ela queria apenas um homem trabalhador e inteligente.
- Aos vinte e nove anos, agora, ela se contenta que apenas ele abra a porta do carro.

Todas ou todos terão que ceder em algo. O problema é você evoluir e não aprender no que é passível de ceder e no que não é.

Há mulheres em idade avançada que, até nesta fase, continuam com suas fantasias de adolescentes. Agindo como, exigindo como e os caras somente aprontando e rindo de suas fantasias e expectativas.

93º Erro – Mulher Adivinha – Melhor deduzir do que perguntar

> *"Homens são como um bom vinho. Todos começam como uvas e é dever da mulher pisoteá-los e mantê-los no escuro até que amadureçam e se tornem uma boa companhia pro jantar."*
>
> **Leticia**

O interesse de um homem numa mulher acaba quando ela para de gerar inspiração e transpiração na vida dele...

Eu não quero te levar para a cama...

Uma das minhas pesquisas e conversas levou-me a ouvir esta maravilhosa frase. Um homem confessar o que já está faltando dizer para as suas pretendentes:

Calma, eu não quero te levar para a cama...
(pelo menos agora...)

Eu quero poder ficar conversando, te conhecendo, me convencendo de que você vale a pena e vice-versa.

O problema para esse mesmo homem é que muitas mulheres já estão "prontas" e mais preparadas para irem para a cama do que realmente convencerem o homem de que elas têm muito mais do que apenas a cama.

Alguns homens modernos não querem uma mulher apenas gostosa de cama, mas gostosa de conversa e que tenha uma vida, e não procure a do cara para salvar-se.

Portanto, mulher, fica a dica: talvez esteja surgindo um novo homem não preocupado em apenas te levar para cama, mas em te levar para qualquer lugar fora da cama para te ouvir.

Dê orgasmo, mas intelectual também. Instigue e provoque arrepios e câimbras intelectuais no seu homem. Ele vai querer voltar sempre.

94º Erro – Bela Adormecida dos tempos modernos

> *"Quem pede a mão de uma mulher, o que realmente deseja é o resto do corpo."*
>
> E. Poncela

Era uma vez uma batalhadora e linda menina que morava numa *kitnet* simples no centro da cidade. Ela era considerada tão charmosa e bonita naturalmente, e ainda tentava, a todo custo, terminar seus estudos.

Todos a chamavam de Branca, pois tinha a pele branca como flocos de neve.

Ela era diarista ou babá durante o dia numa casa em um bairro nobre da cidade, onde não era tão bem tratada pelas chefes, que eram três meninas que faziam de tudo para que a Branca não se destacasse e nem chamasse a atenção.

Branca costumava ficar em casa nos finais de semana, pois as chefes sempre faziam festas e exigiam que ela trabalhasse até tarde ou virasse a noite. Intimamente, somente ela sabia que sonhava um dia mudar de vida e encontrar um grande amor em sua vida.

Numa sexta-feira à noite, lá estava ela sozinha na casa das patroas, que não tinham chegado ainda para mais uma noite de festa. Algo estranho para uma noite de sexta. De repente, para não dormir e ficar de plantão, ela resolve experimentar um tal de Red Bull que havia na geladeira e falavam que fazia o sono passar.

Ao abrir a latinha metálica com uma expressão de total curiosidade para sentir o cheiro e depois provar, para o susto dela sai de lá uma fumaça que se transforma rapidamente numa fada ou gênio, só que em versão feminina – assim ela pensou –, e diz que ela tem direito a três pedidos.

O primeiro pedido, então, foi que ela tivesse a noite mais maravilhosa da vida dela, e seria hoje, nesta sexta-feira.

Sem demorar, a fada-madrinha, que saíra da latinha de Red Bull, simplesmente pisca os olhos e diz: assim será.

Em poucos segundos o interfone da casa toca e ela observa pela câmera de segurança que se trata de um homem lindo que se apresenta como sendo seu segurança e motorista para levá-la à festa.

Logicamente que Branca se assusta e nem acredita. E como toda mulher, ela já entra em pânico por causa de roupa e da maquiagem. Porém, sem Branca notar, a fada-madrinha do Red Bull já havia feito aparecer um salão de beleza completo numa das salas da casa, e o vestido preto bem decotado a estava aguardando.

Ao colocar o vestido ela sabia que era lindo e sexy, porém, ela se achava uma "lisa" ou "tábua de passar" na parte de cima do seu tronco. Com um olhar meigo para a fada-madrinha do Red Bull, que logo entendeu a mensagem e fez por mágica surgir um volume de 300 ml em cada seio. Rapidamente Branca corre até o espelho para tirar uma foto no seu celular e congelar esse momento.

Quarenta minutos depois a limusine com bastante Red Bull e champagne Moët & Chandon circulava tranquilamente pela avenida 23 de Maio no sentido da festa que aconteceria numa mansão em outro bairro nobre da cidade.

Chegando ao local da festa, onde foi maravilhosamente recebida e conduzida pelo seu segurança-motorista e "deus grego" particular, ela se sentiu uma princesa pela primeira vez em sua vida. Ela até cogitou se o que estava acontecendo não poderia ser uma armação e estar fazendo parte daquele programa Dia de Princesa de um pagodeiro famoso.

Ela resolveu então que a timidez não teria vez e iria se divertir muito. Fez novas amizades, foi dançar muito no meio da pista de dança e começou a ser galanteada e "xavecada". Eram homens de todos os tipos e cores porém, de todos, ela começou a avaliar alguns pretendentes de que gostara na festa.

Foram sete ao todo, cada um com uma qualidade e um estilo diferentes. Chegou um momento na festa em que as outras mulheres viram sete homens "babando" e rodeando apenas uma mulher, e como Branca era uma menina muito alta, bem mais alta que os pretendentes, chamaram essa rodinha de a Branca de Neve e os sete anões.

Na visão de Branca, o primeiro pretendente era ótimo dançarino e extrovertido, porém, não tinha um cheiro muito bom de macho.

O segundo pretendente já era muito cheiroso, um cheiro diferente, porém, ainda era novinho e estava no colegial.

O terceiro pretendente já era um profissional renomado, porém, na visão dela, era inseguro e ainda morava com os pais.

O quarto pretendente já morava sozinho, porém, não conversava direito, ainda falava "pobrema" e era muito baixo.

Já o quinto pretendente de Branca era um professor de português de uma renomada faculdade, inteligente e sábio, porém, não era tão bem humorado como os demais.

O sexto pretendente contava cada piada maravilhosa e era adorável, porém, não queria nada sério.

E, por último, o sétimo pretendente de Branca queria casar um dia e constituir família, porém, era bem tímido.

Diante desse conflito e impasse de qual anão, quer dizer, príncipe encantado escolher, Branca resolve pedir licença e ir ao *toilette*. Lá, ela resolve abrir sua bolsinha, pegar a latinha encantada de Red Bull e chamar sua fada-madrinha para ajudá-la a decidir.

A fadinha, mesmo que sonolenta, aparece de camisola e roupão para atender ao segundo pedido de Branca, e diz a ela: "Querida Branca, tente ouvir o seu coração e pense no que é melhor para você no médio e longo prazos. Não pense somente no curto prazo."

Após essa sentença, a fada pergunta a Branca: algo mais por agora?

Branca faz cara de desespero sem saber o que fazer, pois havia desperdiçado um segundo pedido sem conseguir nada, afinal, ela não conseguia decidir e ter foco.

Inicialmente, então, ela optaria pelo quinto anão da lista, pois sim, ele tinha demonstrado algo singular também.

Ao sair do banheiro ainda sem uma decisão totalmente segura, ela resolve voltar para a roda dos seus sete anões. Entretanto, de repente, havia um rapaz esperando por ela às escondidas, próximo ao *toilette*. Ele tem a atitude de ficar na frente de Branca e diz a ela: é você, eu quero passar o resto da minha vida ao seu lado; você foi feita para mim como se fosse enviada pelos céus, e beija-lhe os lábios por quase um minuto, depois desaparece da festa.

Ela fica lá em pé, congelada, com aquela "cara de tonta" e sem saber o que fazer, até que um dos sete anões (o quinto, por coincidência) a conduz para se sentar, notando que ela ficara muito mais branca do que já era.

Após alguns minutos, ainda perplexa e sem saber o que aconteceu; quem era aquele beijador misterioso que ela nunca havia visto e não estava mais na festa.

Ela resolve ir até a porta da frente correndo ao ver um semblante parecido com o do beijador misterioso.

Porém, a fada-madrinha do Red Bull havia informado que o primeiro desejo dela iria ser desfeito até as cinco horas da manhã, e já eram 4h55m da madrugada. Por isso a pressa em esclarecer tudo.

Já na escadaria da porta principal da mansão, frustrada, ela confirma que não conseguira ver quem era o rapaz, porém já é tarde, quer dizer cedo, e ela volta a ser a Branca real, uma simples diarista, vestindo um short simples, chinelas, calcinha bege e camisa um pouco rasgada, de uma promoção de rádio FM em que ela havia sido premiada. Exatamente como ela estava em casa quando começou a acontecer tudo. Sem falar que ela voltara a ser apenas uma tábua e seus pseudosilicones tinham desaparecido.

Para chegar em casa aquela madrugada, ela tivera ainda que pedir ajuda na estação do metrô e no ônibus, pois estava sem dinheiro, e onde ela estava era longe da casa das patroas. Chegando lá, além de prever que levaria várias broncas e teria que limpar a casa, ela só tinha energia para mais uma coisa.

Sorte dela que as patroas haviam decidido ir para a casa de praia em Maresias, deixado-a sozinha em casa. Com isso, ela decidiu ir até a geladeira e, no estoque, pegar todas as latinhas restantes de Red Bull e procurar sua fada-madrinha para o último pedido. Ela queria descobrir quem era aquele beijador misterioso, e nem tocaria no assunto de descobrir quem era o quinto anão.

Como ainda não estava achando sua fada-madrinha dentro de nenhuma outra latinha de Red Bull, para não perder a viagem ela bebia todos para reduzir sua angústia, ansiedade e expectativa. E de bela adormecida não havia mais nada, na verdade. Ela agora ficaria acordada até segunda-feira, angustiada, "pilhada e energizada" graças aos Red Bulls.

Na segunda-feira, nada de encontrar sua fada-madrinha, ela até que enfim conseguiu dormir. Duas horas após cair no sono e nem notar, ela já estava sonhando com o seu gatíssimo príncipe encantado, além de beijador. Contudo, ainda adormecida, ela começa a sentir uns toques carinhosos em seus lábios, e já pressente que é o seu príncipe e gato beijando-a para mostrar que tudo aquilo não fora um sonho, mas pura realidade. Mas, ao abrir os olhos, sim era um gato que estava lambendo seus lábios. Era o gato das patroas que estava tentando acordá-la para receber sua ração.

Após um tempo, ela descobriu que o beijador misterioso era o Pinóquio que, além de sobrinho da fada-madrinha, é o maior pegador nas baladas. Porém todos sabem que ele só queria algo de momento e tudo no curto prazo.

A frustração e as expectativas não atendidas vivem ativas na imaginação de Branca até hoje. Ela ainda imagina que havia sido agarrada por um príncipe naquela porta de banheiro e que um dia ele voltará atrás dela. O quinto anão, que talvez tivesse uma chance com ela, chegou a querer descobrir quem era aquela menina, mas ela continuava focada no Pinóquio.

Ela sempre achava que, para as conquistas materiais e profissionais, bastavam estudos e dedicação, porém, está aprendendo com as dores da experiência que a inteligência e a sabedoria emotiva também devem ser conquistas diárias.

Portanto, não queiram construir um conto de fadas com base em mentiras suas ou dos Pinóquios espalhados por aí.

Moral da história: Red Bull lhe deu asas, mas ela continua perdida. Afinal, se não há foco ou poder de escolha, as Cinderelas atuais, sejam belas ou não, passam a vida inteira procurando algo/alguém que não sabem exatamente bem o que/quem é, então acham e não encontram, assim diria uma amiga.

Observação: Este anúncio não teve o patrocínio da Red Bull; é apenas uma ilustração da realidade.

Algumas pessoas têm desejos certos para fazer um pedido a uma estrela cadente, porém, a estrela não aparece. Já outras conseguem ver estrelas cadentes para fazer seus pedidos, mas não sabem o que pedir ou desejar.

95º Erro – Mulher que não trai o marido com ela mesma

> "A melhor mulher é aquela da qual não se fala nem bem nem mal."
>
> **Tucídedes**

Hoje é sexta-feira, 19hs, e ela não chegou ainda... Calma, você pode não estar entendendo nada. Vou começar do início obviamente.

Tudo começou quase quarenta dias atrás quando, numa manhã de segunda-feira, ela havia acordado mais cedo e estava toda linda. Como há tempos eu não a via.

Segunda-feira?!? Por que será que ela está tão bem arrumada e linda assim? -– Isso deve ter coisa, eu pensei...

Eu ainda ficara fingindo dormir e a olhava se penteando e arrumando para ir ao trabalho. O perfume dela já trazia uma agradável fragrância para essa manhã no quarto fechado.

Mesmo assim, eu sentia que ela parecia saber que eu já estava acordado, e desfilava para lá e para cá. Como se quisesse me acordar e vê-la toda arrumada, mas resisti até ela sair do quarto... mas infelizmente, ao tentar fingir ir vê-la caminhar pela janela do quarto, não é que ela retorna e me vê como se a estivesse procurando.

Ambos nos olhamos e dissemos: bom dia... e sem quase nos vermos direito, já nos despedimos para cada um seguir sua direção.

Desde aquele dia e hora, nada mais foi igual. Por que ela estava toda maravilhosa em plena segunda-feira? Eu iria descobrir.

Eu fui trabalhar. Trabalhei mas não me concentrei direito. Mesmo ela estando a quilômetros da mesa do meu trabalho, eu só pensava e sentia aquele perfume maravilhoso, relembrava aquela cintura maravilhosa andando de um lado para o outro do quarto e aqueles cabelos dançando sobre os ombros mais lindos que já vi, pois algo dava esse poder a ela para fazer isso.

Diante dessa situação, eu resolvi não deixar de graça. Eu precisava descobrir o que estava acontecendo. Eram 11h30m da manhã quando eu resolvi ligar de surpresa para ela: minha linda, eu estarei perto do seu trabalho daqui a pouco, vamos almoçar?

Ela, assustada do outro lado, ficara um tempo sem respirar ou responder, mas acabou dizendo: lógico... vamos sim, meu bem!!!

Eu então pensei: ainda bem pois, se ela recusasse, mostraria que iria fazer algo com alguém.

Durante o almoço, que durou quase três horas, conversamos como há muito tempo não conversávamos. Demoramos para pedir a sobremesa e, ainda, numa despedida não planejada, tivemos alguns minutos para dar um amasso de despedida no carro antes dela retornar ao trabalho.

Já estando de volta ao meu trabalho, um pouco mais aliviado, algo ainda não havia me convencido da razão dela estar tão bonita em plena segunda-feira. Aí eu pensei: ela deve ter planejado algo para a noite?!?! Isso mesmo. Ela deve ligar daqui a pouco dizendo que fará hora extra – aí ela vai se ver comigo... vou segui-la.

São 5h40m da tarde e nada dela ligar!! E eu não consigo terminar o meu trabalho apenas pensando naquela mulher que era a minha esposa. Pronto! Vou decidir uma outra coisa... vou ligar para ela e vou buscá-la no trabalho; se ela não aceitar, é sinal de que tem coisa...

– Oi minha linda, tudo bem? Deixe o carro aí no trabalho, eu vou te buscar para sairmos, tá?

Mais uma vez, o silêncio dela do outro lado do telefone. Ela deve estar pensando como sair dessa mas, para minha surpresa, eu apenas ouço:

– Lógico, meu querido. Pode vir em trinta minutos.

O que é que essa mulher está aprontando?!?!, Eu pensei. Antes de sair, eu me preparei um pouco mais para ficar cheiroso, passei na floricultura e comprei uma orquídea para ela, e por último eu reservei uma suíte naquele hotel que ela achava luxuoso, perto de casa. Minha meta era mantê-la ocupada, assim eu teria frustrado o objetivo dela estar tão linda naquela segunda-feira.

São 6h da manhã da terça-feira, eu e ela quase não dormimos, bebemos muito no hotel e acabamos de tomar um café ainda nos trocando para voltar para casa, nos trocar novamente e ir para o trabalho.

Eu vou direto para a cama em casa; mais tarde eu ligo para o meu trabalho falando que estou indisposto. Porém, algo está errado... meia hora depois, ainda naquele mesmo quarto, aquela mesma mulher que se dizia minha esposa estava com a corda toda, parecia que tinha bateria 220 volts e estava ainda muito mais bem vestida e bonita do que no dia anterior. E, agora, com um novo perfume que combinava com essa linda manhã de outono.

Eu já concluí!!! Como ela viu que eu não dei trégua ontem, ela fará a "besteira" no dia de hoje, terça, e como ela acha que eu estou cansado, e não aguentaria fazer a mesma coisa dois dias seguidos, ela está se preparando para hoje. Aí é que ela se engana... deixa comigo.

Hoje eu me arrumei muito melhor, fiz um almoço delicioso para nós em casa, afinal, já havia conseguido liberação do meu chefe. Eram 11h50m da manhã quando eu liguei para ela:

– Querida, eu vou te buscar aí para almoçarmos. Te pego em 30 minutos, OK? – a partir daí, ai se ela recusasse; ela se veria comigo. Mas, para minha surpresa, ela respondeu:

– Que maravilha, meu pretinho lindo!! Estarei lá embaixo te esperando.

Humm!!! Eu pensei: ela aceitou!!! Então, talvez o encontro dela seja à noite...

Ela adorou o almoço feito em casa somente para ela, mesmo que eu não saiba cozinhar, mas ela havia gostado... fora a decoração da cama com pétalas de rosas... e o quarto à meia-luz em pleno meio-dia... Eu me lembro que somente 4h da tarde deixei-a de volta no trabalho... afinal, desarrumar um quarto e arrumar de novo consome tempo, não é?!?!

Pronto... o meu plano do dia havia sido perfeito, eu a havia mantido ocupada... agora, eu ainda não sossegava: ela deve ter ido tão bonita assim em plenas segunda e terça por causa de alguma coisa. Diante dessa situação, só restava-me a seguinte solução: vou buscá-la no trabalho hoje, mas sem avisar. Isso mesmo, está decidido.

Eu coloquei minha roupa de caminhada e, indo até os fundos da casa, peguei o Rex – o nosso pastor alemão – para ser meu cúmplice no plano. Às 18h20m, quando eu e o Rex estávamos na frente do escritório dela, com uma caixa de bombons, esperando por ela.

Da forma que uma atriz profissional, ela sorri de felicidade, vem em nossa direção, me abraça e beija loucamente, fazendo com que o Rex também quase subisse nela.

E assim, voltamos caminhando e conversando para casa naquela noite. Chegamos em casa apenas três horas depois, mas eu conseguira mantê-la ocupada.

E assim aconteceu desde aquela bendita segunda-feira... todo dia a mesma coisa... todo dia ela saía cada vez mais cheirosa e bonita.

Até que ontem à noite eu resolvi conversar com ela. Eu falei da minha dúvida desde o começo e que queria descobrir o que estava acontecendo.

Ela então respondeu: "Meu amor, sabe que com tanta atenção, carinho, flores, almoços, passeios etc. que recebi de você, eu até desconfiei e até achei que, para ser tão bonzinho assim comigo, você deveria estar aprontando alguma coisa. Por isso, eu também queria descobrir o que estava acontecendo... e acabei 'jogando o mesmo jogo' que você estava jogando contra ou a favor de nós ou de mim."

Então, quer dizer que você não estava querendo fazer algo errado ao sair linda naquela segunda-feira? – Eu perguntei a ela.

Ela respondeu já se aproximando mais de mim: "Lógico que eu estava querendo; estava querendo chamar a minha e a sua atenção, que cada um de nós deve acreditar no nosso carinho."

Entendi – eu respondi –. Então, sendo que estes últimos 30 dias foram maravilhosos, eu acho que a melhor proposta para nós é a seguinte: vamos continuar "traindo" a nós mesmos com nós mesmos?

E ela, com aquele olhar de menina-mulher-menina e já tirando minha gravata, respondeu: "Só se for para começar agora!!!"

E essa foi a história da minha esposa que eu peguei me traindo comigo mesmo... e gostei.

– Falando nisso, são quase 7h da noite de uma sexta-feira e essa minha amante-mulher-esposa-amiga não chega para termos um caso intraconjugal.

96º Erro – Mulher do isso não vai acontecer comigo

> *"Uma mulher quer paz. Uma mulher quer ler mais, viajar mais, conhecer mais. Uma mulher quer flores. Quer beijos. Quer se sentir viva."*
>
> Martha Medeiros

Após muitas entrevistas nos últimos sessenta dias em São Paulo e em Curitiba, eu apresento esta nova reflexão que quero compartilhar com você e seus amigos. Porém, antes de iniciar, é importante que você leia este pequeno trecho do best-seller "O Monge e o Executivo", de James Hunter.

O trecho é o seguinte:

> *"...O pregador contou: – Uma vez ouvi uma fita gravada por Tony Campolo, um pastor bastante famoso, conferencista e educador, em que ele fala de suas sessões de terapia para noivos. Ele diz que, sempre que um casal jovem o procura, ele costuma perguntar: "Por que vocês vão se casar?" A resposta costumeira, claro, é: "Porque nos amamos de verdade." A segunda pergunta de Tony é: "Vocês têm uma razão melhor do que essa, não é?" O casal se olha surpreso, sem compreender a pergunta. "Qual poderia ser uma razão melhor do que essa? Nós de fato nos amamos!" Ele responde dizendo: "Sei que neste momento vocês trocam palavras apaixonadas e que os hormônios estão a todo vapor. Ótimo, aproveitem. Mas o que será do relacionamento de vocês quando esses sentimentos e sensações acabarem?" Como é de se esperar, o casal se olha antes de responder num tom desafiador: "Isso nunca acontecerá conosco."*

A sala explodiu em risadas.

— Vejo que alguns de vocês estão casados há muito tempo – meu companheiro de quarto continuou. – Todos nós sabemos que os sentimentos vêm e vão, e é o compromisso que nos sustenta. Tony conclui a conversa com os noivos mostrando que cada casamento oferece uma oportunidade para uma união real e profunda..."

Reflita um pouco sobre este trecho e, agora sim, eu posso começar.

Conversando com tanta gente ao redor do mundo, cada vez mais, eu concluo que a sociedade está falhando no ensino da inteligência emocional aos jovens. Seja esse papel da escola ou da família. E eu nem posso falar dos adultos atuais, pois estes são apenas o reflexo de sua juventude com ou sem educação emocional.

Em nenhum momento eu critico isso ou aquilo do casamento ou divórcio de alguém. O que eu questiono é por que tanta gente que se casou depois que se separa, um não quer ver o outro nem pintado. Todos acabam dizendo da perda de tanto tempo com alguém com quem não teve empatia.

E nisso sim, entram homens que terminam suas relações já tendo amantes. E agora, num momento único da humanidade, um grupo de mulheres está virando "o homem do tempo moderno". O que isso significa? Vamos fazer com eles antes que eles façam conosco.

Leia agora mais esta história real de uma menina real da classe média alta em são Paulo. Ela tem 18 anos e namora há dois anos um rapaz de 20 anos. Ela simplesmente chegou até ele e disse: Não quero mais namorar com você, mas quero apenas ficar com você de vez em quando. Quero ter uma relação aberta para que eu ou você possamos ficar com outras pessoas.

Daí algumas pessoas irão pensar: nossa... ela foi honesta para com ele!!!

Outras pessoas irão pensar: onde o mundo irá parar!!

E, talvez, um outro grupo de pessoas pense: o que será que o namorado vai decidir?!?!

Aonde eu quero chegar? É que sempre há pelo menos um cúmplice para qualquer decisão a dois. Pode ser a proposta mais honrosa ou a mais ofensiva, mas num diálogo alguém poderá aceitar ou rejeitar.

Uma vez aceitando, você se torna cúmplice. O problema na maioria das relações que terminam sem amizade é que um dos cônjuges está pensando primeiramente em si e, somente após, pensa no próximo. Um deles já foi preparando o término premeditadamente, ao invés de investir o mesmo tempo, esforço e tal em renovar o amor. É mais fácil fugir do que renovar.

E é exatamente por essa falta de inteligência emocional repassada pela família, ou porque cada um busca a sua evolução, que há tantas separações, e um sempre culpando o outro. Esquecendo que, na verdade, cada um deveria primeiramente aprender a nadar, pois somente assim você poderia salvar o próximo.

As mulheres que deveriam usar seu lado emocional que, a princípio, era considerado muito mais "afiado" do que o do homem, estão evitando ouvir suas intuições e inspirações do que é certo ou errado no curto ou longo prazo.

Veja uma outra história real de uma outra mulher real de São Paulo.

Essa mulher tinha a inspiração e a intuição de não se casar com um cara. Mas, por várias vezes ela preferiu não ouvir essa voz interna e acabou se casando com o cara. Um ano de casada, a voz interna perguntou a ela ainda: e agora, o que fará da sua vida? Na convivência difícil, ela então decidiu se separar.

Daí eu pergunto: eu sei que o livre arbítrio sempre irá prevalecer, é certo, mas, pelo jeito, nós perdemos a capacidade de ver as entrelinhas ou a inspiração. Não foi? Ou é apenas o fato de querermos provar ao nosso orgulho que podemos tudo?

Conversando com outras gurias, após a experiência frustrada delas, eu captei e elas assumiram o seguinte: elas querem se enganar. Elas acabam pagando caro por não ver os sinais iniciais. Elas sempre acham que será diferente com elas. Até aí, tudo bem, é legal ser otimista, mas voltam e cometem sempre o mesmo crime. E aceitam que o cara faça a mesma coisa, infinitamente. Algumas gurias admitiram que há ainda a curiosidade da experimentação por pensar que, se fosse tão ruim, tanta gente não faria; porém, SEMPRE é tudo ao contrário do que se pensa.

Para finalizar, segue o testemunho de uma das mulheres sobre o assunto.

Acho que a gente passa a ignorar a intuição e dar outro nome a ela, tipo "medo", "insegurança", sei lá, mas a gente sabe, lá no fundo, que está certa. Aquela situação não vai dar em boa coisa, mas insiste dando à coitada da intuição outros nomes. Joga um monte de tralha em cima dela e vai seguindo a vida incomodada pra caramba, porque intuição feminina é forte demais para ser ignorada."

Portanto, eu termino deixando mais perguntas do que respostas: mulheres, nós queremos aprender a nova forma de amar. Ensinem-nos mães, namoradas, esposas etc., mas, para isso, vocês não podem se perder.

97º Erro – Mulher Mãe de Primeira Viagem

> *"Qualquer um pode ser o príncipe encantado de uma mulher, basta ter o cavalo certo."*
>
> **Hitch – Conselheiro Amoroso**

O Dia das Mães foi criado no início do século XIX e, obviamente, nós não precisamos desse "dia" para saber o quanto as mães são imprescindíveis e importantes em nossas vidas. Mães, vocês fazem parte do nosso princípio e fim. Obrigado mesmo...

Eu faço e escrevo tudo isso por uma simples razão: a família... é que é de lá que viemos e, cedo ou tarde, para a família queremos voltar, seja a mesma ou uma nova.

Entretanto, nas minhas últimas pesquisas para formar o livro *Nunca se Case Antes dos 30*, onde entrevistei centenas de mães casadas, divorciadas, solteiras ou futuras mães, eu trago algo para discutir e compartilhar.

Eu não quero parecer o dono de uma verdade absoluta, mas, sim, eu trago os dados da realidade do que está acontecendo em nossas cidades. Eu deixo para os outros autores o lado da ficção e da fantasia...

A razão de escrever isso é que também muitas famílias ainda não têm a estrutura, conhecimento e intimidade de conversarem sobre isso. E nem é culpa, é que a geração e a família anteriores não passaram adiante algo que não tinham ou foram atrás conquistar.

Também, a escola não tem autonomia nem capacidade para conversar sobre isso, pois talvez não seja o seu papel.

Por essas e outras razão, muitas famílias estão simplesmente sendo formadas, mas sem a principal base: a cumplicidade.

Portanto, vamos aos fatos, gostemos deles ou não.

Para isso, eu criei algumas propostas de leis básicas que uma família deveria transmitir aos seus membros:

1ª Lei) Mãe ou mulher... nunca se case com alguém só pelo fato de querer sair da casa dos pais ou de algum outro problema que não seja exclusivamente o seu amor por alguém.

2ª Lei) Mãe ou mulher... exija, vigie, mas nunca espere, caso ele não esteja preparado, que o seu marido vá educar emocionalmente e espiritualmente o seu filho homem para respeitar as mulheres da vida dele. Estatisticamente, a maioria nunca fará isso. Cabe a você, mãe, atentar e conversar constantemente com o seu filho sobre como as mulheres são e devem ser tratadas... caso contrário, continuaremos não tendo esse respeito desejado por vocês. Afinal, a maioria dos homens é incentivada a "pegar o máximo de mulher" possível. Eu nem comento a questão de "pegar" ou "não pegar", a questão é que a maioria dos homens não sabe nem "pegar", nem como iniciar ou terminar uma pegada. Muitas mulheres nem querem casamento ou relacionamento sério, elas querem apenas o respeito desses "filhos" que são seus. Ser autêntico é uma coisa, ser canalha é outra coisa. O importante é ser autêntico. Não há mais necessidade de existir mentira em pleno século XXI.

3ª Lei) Mãe ou mulher... ensine às suas filhas a serem parceiras e a respeitar as outras mulheres. Isso mesmo. Não precisa ser amiga de todas, mas "fazer à outra mulher" somente o que gostaria que lhe fizessem. Exemplo: ensine à sua filha nunca, nunca mesmo sair com alguém que tenha namorado ou seja casado. Se um cara com namorada ou casado está saindo com você ou com sua filha, isso não o impede de fazer o mesmo quando estiver com você. Homem que é homem está sozinho e procura sua mulher. Homem que é homem arrisca nos seus sonhos, mesmo que no final fique sozinho.

4ª Lei) Mãe ou mulher... não force suas filhas a se casarem somente para atender às suas expectativas... deixe-as livres para o tempo e a maturidade ideal. Incentive-as a estudar, viver e conhecer o mundo, as pessoas e a si mesmas... Não as deixe chegar vazias num relacionamento, preocupando-se apenas com beleza e coisas materiais. Incentive os seus filhos homem e mulher a serem ricos espiritual e emocionalmente. Somente com essa riqueza é que seus filhos serão ricos literalmente no longo prazo. É que tem cada coisa absurda acontecendo no mundo, seja em mansões ou em favelas. Hoje a expectativa de vida é de 74 anos para mulheres e 70 para homens. A riqueza emocional deve ser alta para compartilhar 40 ou 50 anos de casados. Pense nisso.

5ª Lei) Mãe ou mulher, tenha coragem de conversar os assuntos mais difíceis pelo menos uma vez antes de casar com o seu futuro marido... Se essa conversa não terminar de forma respeitável, reflita e aguarde mais, pois é a capacidade de conversar que provará que sua relação durará e não aceite um presente do seu noivo ou marido para evitar a conversa... é que muitos homens preferem te "comprar" com algo do que conversar. E você se torna cúmplice ao aceitar.

6ª Lei) Mãe ou mulher, se sua relação não está boa, procure ajuda especializada para o casal, se for o caso, mas em hipótese alguma, nunca, mas nunca mesmo, pense em ter um filho para salvar a relação... O filho irá piorar a relação caso esta mesma relação familiar não esteja construída numa base forte. Não uma relação de perfeição, mas de capacidade de diálogo e cumplicidade.

7ª Lei) Mãe ou mulher... tenha exclusivamente filhos se o desejar, se o casal desejar. Não tenha filhos para agradar parentes ou a sociedade. E, ainda, reflita bem sobre a quantidade de filhos desejada pelo casal... É que quanto mais filhos vocês tiverem, independentemente de estar faltando ou sobrando dinheiro, menos tempo haverá para uma agenda do próprio casal. Do que adianta ter muitos filhos se o amor dos pais se desfizer no longo prazo? O importante não é quantidade, mas qualidade.

8ª Lei) Mãe ou mulher... pergunte-se: o que você e o seu marido irão ensinar ou passar adiante de totalmente diferente para os seus filhos? E isso não tem nada a ver com escolher uma profissão, a melhor escola e os estudos, carros, presentes, mesada ou herança. Se vocês não tiverem algo a passar, é hora de refletir... e isso não é algo material. São esses valores invisíveis que ditarão o sucesso dessa continuidade e da família.

9ª Lei) Mãe ou mulher... como já foi escrito e dito, a função dos pais, bem como a do governo, seria ensinar aos seus filhos ou cidadãos governar a si mesmos. Nunca se esqueçam disso. Os filhos não pediram para nascer... cada um tem o livre arbítrio.

10ª Lei) Mãe ou mulher... tenha paciência e entenda as similaridades dos homens... Até o melhor príncipe encantando tem um lado sapo e humano. Somos apenas meninos crescidos.

11ª Lei) Mãe ou mulher... estamos no século XXI e cabe exclusivamente a vocês fazer com que muitos homens parem de achar que vocês servem apenas para quatro funções básicas: lavar, passar, cozinhar e "sexar".

Por último, querida amiga, crie sonhos e fantasias nos filhos, mas mostre para eles de forma amiga e prática a realidade, caso contrário, ficará fácil culpar o governo pela existência do consumo de drogas, prostituição etc., etc. O problema está na raiz, nunca no galho.

Agora, pai, aguarde... no Dia dos Pais eu voltarei com as suas leis... São bem mais complicadas que as das mães. Mas, como a maioria de nós homens não está fazendo a parte devida, cabe apelar a elas para a melhoria do mundo.

Afinal, nós homens, somos preguiçosos emocionalmente na maioria dos casos. Não investimos o devido nas inteligências que não vêm dos livros. O século mudou. Não temos que ser mais apenas "provedores" de dinheiro e bens na casa, mas homens e parceiros de verdade. Hoje é a união de dois inteiros e não mais duas metades. E como cita o psiquiatra Paulo Gaudêncio: a relação deve ser de responsabilidade dos dois, afinal, deve-se fugir da palavra manutenção. Afinal, quem mantém tem algo na mão e quem é mantido está na mão de alguém.

Vamos investir na "profissionalização" de nossas inteligências emocional e espiritual; todas as outras inteligências e o futuro agradecerão.

98º Erro – O que fazer no primeiro dia útil após a lua de mel?

"Conselho aos meus filhos: filho, quando escolher uma mulher, sempre olhe se ela tem um belo passado. Filha, quando escolher um homem, sempre olhe se ele tem um bom futuro."

Alfredo Martini Júnior

Normalmente nós recebemos dos amigos e familiares dezenas de conselhos, dicas, recomendações etc., etc. de tudo o que fazer para organizar as festas de noivado e casamento, lista de convidados, como comprar os trajes e roupas, bem como a decoração e a viagem etc., porém, é muito difícil vermos, na realidade ou na ficção, como é a continuação depois que aparece na tela do cinema ou da novela os dizeres "...e viveram felizes para todo o sempre" ou *"The End"*, ou literalmente o que fizeram para manter ou se conseguiram manter o felizes para todo o sempre.

É isso que eu chamo de «o que foi feito ou o que um casal faz, ou deveria fazer, no primeiro dia útil logo após a lua de mel?" Isso mesmo, pois é a partir daí que o amor ganhará vida real, saindo da fantasia e das festas para a luta do dia a dia.

Independentemente do credo religioso, eu acredito que todos nós, se um dia casados, gostaria que fosse "até que a morte nos separe". Porém, cada vez mais eu sinto a falta de ver casais velhinhos andando de mãos dadas em nossas cidades e praças. Está mais fácil ver "mico-leão-dourado", que já está em extinção.

E, pelo que eu tenho encontrado, o único ser vivo que tem sido companheiro e fiel até que "a morte os separe" é a já em extinção arara azul. O casal de araras azuis é fiel e companheiro, divide todas as tarefas de cuidar dos filhotes e na perda do macho ou da fêmea, eles não se compõem com outro indivíduo. Nas minhas pesquisas eu pude constatar que há, sim, algumas alternativas e comportamentos que podem prolongar a duração de uma relação amorosa. Eu destaco algumas abaixo, porém, o que falarei na maioria das vezes já é óbvio e você já sabe, o problema é que esquecemos de praticar.

1ª) Mesmo após o dia do casamento até os próximos anos, dia após dia, continue sempre namorando. Não deixe a chama do namoro se apagar. Continue deixando e escrevendo bilhetinhos, enamorando, encantando um ao outro. Mesmo com coisas simples, isso fará diferença. Está sem dinheiro? Vá caminhar na praça com o seu amor, converse da vida desde as coisas fáceis até as difíceis, façam sua parte e os anjos ao redor de vocês farão a parte deles. Nem sempre a felicidade se compra com dinheiro, mas com atitudes.

2ª) Não deixe o seu charme acabar com o tempo. Uma dica: mulheres, acabem com todas as calcinhas beges (só use em situação extrema); e homens, nunca usem uma cueca rasgada: joguem-nas fora ou costurem-nas. Temos hoje todos os tipos de complementos e acessórios baratos ou caros para manter e atrair aromas diferente para ambos, bem como cores diferentes para os olhos de vocês dois. Cada um deve se cuidar, e não esperando exclusivamente que um seja o pai ou mãe do outro.

3ª) Tenha uma certeza de que a sua relação passará da evolução de paixão para amor, e de amor para amizade. Caberá a cada um de vocês renovar sempre esse ciclo para, assim, o tédio não entrar numa das fases e destruir o fogo e a intensidade que há em cada uma delas. Cabe ao casal redescobrir a sexualidade junto com a amizade ou, senão, toda vez que cair na amizade o casal vai se separar e sair à caça novamente.

4ª) Tenham uma agenda exclusivamente para o casal. Isso mesmo, deixe as crianças um dia com as sogras, tios ou amigos. Isso mesmo, pois um dia, se vocês forem pais ideais, ensinarão seus filhos a voar e governar a si mesmos. Conciliem a agenda de vocês para assim, voltarem sempre com paixão e carinho para, juntos, terem a capacidade de compartilhar a educação dos filhos.

5ª) Criem uma identidade e unicidade do casal para que nada de fora os contamine. Afinal de contas, chega uma hora em que vocês terão de resolver qualquer situação, não importando opinião de amigos ou familiares.

6ª) Ao conversarem, nunca entendam como sendo uma crítica ou não mais existência de amor. Mas é algo para que ambos evoluam, o início do fim é quando começa a haver apatia, ocupando o lugar da empatia.

7ª) Planejem juntos. As três coisas que mais provocam divórcios ao redor do mundo são: educação dos filhos; questão financeira; e falta de companheirismo/temperamento. Portanto, planejem e revejam sempre juntos os planos e objetivos de vocês para curto, médio e longo prazos. Façam isso sempre a cada dois anos... vocês verão que a paixão de pensarem e planejarem juntos fará diferença. Vocês são sócios na construção de sua própria felicidade. Não terceirizem isso.

8ª) Aprendam a confiar e a se entregar um ao outro. Não somos uma ilha e sempre precisaremos amar e que nos amem ao nosso redor. Não entender essa essência e ficar buscando sempre em outros lares não trará uma solução.

9ª) Meditem juntos. Isso mesmo. O casal deveria buscar trazer sempre paz e reflexão para o lar, seja através de uma doutrina religiosa ou espiritual, para assim terem forças em achar que talvez, caso eles acreditem, um deus possa ajudá-los a resolver qualquer coisa. Uma vez por semana, pelo menos uma hora ou meia hora, façam orações juntos. Tenham certeza de que os anjos ouvirão.

A vantagem do amor e do casamento é que, se você realmente investir neles, terá felicidade sempre em fazer hora extra exclusivamente com quem está ao seu lado.

99º Erro – Mulheres Sem Foco e Homens Teleguiados

[Perguntado como ia sua mulher]
"Comparada com o quê?"

Henny Youngman

Em minhas pesquisas e entrevistas de campo, tenho identificado vários nichos e grupos específicos de homens e mulheres com comportamentos singulares na questão amorosa. Eu vou conceituar inicialmente os chamados Homens Teleguiados... e, logo em seguida, as Mulheres Sem Foco.

Os Homens Teleguiados

Nas últimas décadas, é fato que a maioria dos homens começou a se sentir "perdida" emocionalmente, sem que se desse conta disso. Agora, é notório e evidente que os homens ainda não aprenderam a lidar com sua sensibilidade sem perder sua força e coragem.

Em minhas pesquisas, muitas mulheres reclamam que os homens não têm a mesma atitude para decidir assuntos que envolvam sentimentos como têm quando se trata de outros assuntos.

Mulheres, sinto dizer, mas ainda vou fazer uma camiseta para vocês com os seguintes dizeres: "Mulheres, homem quando quer, vende até a mãe..."

Portanto, se ele não fez algo que você esperava, é que ele não quer fazer, pelo menos para você. Ponto final. E é a pior coisa e perda de tempo vocês quererem forçar alguém a fazer algo só para satisfação própria. Isso não é amor.

O homem, mesmo para fazer a coisa mais errada de sua vida, quando decide faz, mesmo que dê tudo errado. Quando ele quer, ele arrisca. Agora, se ele não arrisca ou deixa de fazer algo que você espera, desencana, e mais: a decisão está em suas mãos.

Vocês já devem ter percebido que homem faz coisas sem pensar, sem medir muito as consequências...

Porém, há um grupo de homens identificados como "Teleguiados" que já existe na nossa sociedade, os quais tentarei classificar:

As pesquisas mostraram que muitos homens preferem ser "felizes" a terem razão; por isso, eles acabam concordando com muitas ações e decisões de suas amadas. O problema é quando essa atitude ou decisão de passividade "passa do ponto".

O que é "passar do ponto"? Temos situações extremas de mulheres que influenciam ou cumpliciam homens para tomarem atitudes horrorosas e às vezes até cometerem crimes, como no caso da Isabella Nardoni, ou da menina Suzane Richthofen, entre outros...

Há outras situações mais simples, onde, por exemplo, a mulher ou namorada tenta "domar" ou "manipular" e não deixar o rapaz fazer mais nada a não ser ficar ao seu lado; ele obedece e, com o tempo, acaba perdendo sua identidade de ser humano e poder de escolha.

Notem que pode haver milhares de mulheres que adoram homens com atitude, mas há também aquelas que não gostam deles assim.

Elas gostam de ter o controle e acham que assim a relação se torna previsível, e consequentemente elas correm menos risco.

Eu não estou dizendo que isso é ruim, pois em alguns casos a mulher faz isso para tentar dar uma proteção maior da convivência e da união.

O lado ruim disso é quando, no longo prazo, a relação e o amor esfriam, sem falar do tesão; um acaba vendo o outro como um grande amigo, o que não é ruim, mas deixam de namorar e de ter projetos individuais.

Para alguns casais, o que está dando certo, é possuírem uma agenda somente para eles, uma para os filhos, outra para si próprios, cada uma tendo o seu respectivo tempo, não deixando uma interferir na outra.

Algo que minhas pesquisas concluíram e que toda mulher deveria buscar aprender é: na maioria dos casos, os homens sabem escolher suas namoradas ou esposas (conquistas), porém, não são tão bons na manutenção do relacionamento no longo prazo.

Do outro lado, na maioria dos casos, as mulheres não sabem escolher seus namorados ou maridos (conquistas), porém, são ótimas na manutenção do relacionamento no longo prazo.

É essa luta entre «pré-venda» e «pós-venda» que deve ser vencida e estudada para salvar qualquer tipo de relacionamento no longo prazo.

Isso se alguém o desejar; agora, se for algo para "uma noite somente", o negócio é relaxar e não haver cobrança de nenhum dos lados, desde que seja de comum acordo.

O grande risco no longo prazo de uma mulher se envolver ou "criar" e contribuir na formação de um homem "teleguiado" é esse mesmo homem perder sua capacidade de decidir. Aí, cedo ou tarde, ele irá conhecer o mundo como realmente é e, talvez, queira compensar o "tempo perdido" fazendo tudo de uma só vez.

Não se espante ao ver homens casados ou não, não importa a idade, fazendo de tudo para compensar um casamento feito tão cedo e sem a devida preparação ou maturidade. Eles começam a focar mais no que estão perdendo (outras mulheres ou momentos) do que no que estariam ganhando com a mulher atual.

Porém, há exceções: algumas mulheres-esposas-namoradas têm o dom de se tornar a "mãe" de seus amantes. Se isso está acordado entre as partes, não vejo problemas. Contudo, no longo prazo, o tesão entre esse casal poderá reduzir-se, afinal, ninguém sente tesão por filho ou mãe...

Esse grupo de homens teleguiados congrega aqueles que ainda estão perdidos e precisam ser guiados; para quem tiver o dom, obviamente.

Esse grupo de homens não entendeu ainda que, atualmente, a mulher resolvida e independente não quer mais apenas o "dinheiro" dele, e sim um homem que batalhe, tenha atitude e iniciativa para realizar seus desejos e sonhos. Essa mulher já não se incomoda em rachar a conta, desde que o cara seja um excelente companheiro e amante.

Muitas mulheres relatam que, por uma razão ou outra, escolheram no passado homens que não tinham nada na questão material ou até carentes demais, e que elas os ajudaram a se levantar. Porém, depois que esses homens se tornam poderosos e independentes, ao invés de ficarem com elas eles simplesmente "dão um pé na bunda" das mulheres que os ajudaram na época das "vacas-magras".

Lembre-se: o homem não gosta de assumir o "custo emocional" de um relacionamento, por isso, às vezes, só procura o sexo e, em alguns casos, não considera como traição ter sexo fora do casamento/relacionamento (o que é bem diferente na visão feminina...).

Isso porque ele, na sua insegurança emocional e sem uma mulher que o ajude nisso, não consegue manter um erotismo com a mesma mulher, então, busca na rua.

As Mulheres sem Foco

Agora, falemos sobre *"las mujeres"*.

Nos últimos cem anos, todos nós homens, mas principalmente as mulheres, conseguimos tudo o que mais queríamos em toda a história da humanidade: total e plena liberdade!! Entretanto, tanta liberdade de escolhas gerou nossa incapacidade e o medo de escolher.

E, de uma forma ou de outra, a sociedade tem tentado seguir nossas evoluções comportamentais. Peguemos a Lei do Divórcio como exemplo, que foi criada em 1977. Com sua publicação, o divórcio poderia ser oficializado apenas dois anos após a decisão de separação.

Agora, com uma nova lei em votação no Congresso, teremos o "casamento e o divórcio na geração do "Miojo"; tudo poderá acontecer em apenas um ano. Então, poderemos acertar e errar à vontade com nossos sentimentos e com os dos outros também.

Só que, direta ou indiretamente, nós homens sempre tínhamos uma pseudoliberdade; as mulheres é que estão nos últimos anos tentando aprender a conviver com suas conquistas. Porém, os dados de algumas cidades mostram que, em alguns casos, as mulheres estão "virando o homem do tempo moderno".

O que isso significa? Elas estão devolvendo aos homens tudo o que eles fizeram para elas, ao invés de nos ensinar uma nova forma de conviver e amar, bem como ensinar aos seus filhos a forma correta de tratar as mulheres.

O tal foco é o grande problema das mulheres que vivem em nossas cidades. Como citei, com tanta liberdade na escolha do seu potencial amante, ela não está sabendo escolher. A biologia diz que a fêmea ou a mulher demora tanto para escolher exatamente por causa do "custo" ser maior para ela, isso no caso de gravidez, envolvimento emocional etc.

Diante dessa constatação, há mulheres que literalmente não querem mais relacionamento sério, como há também homens que entrevistei que buscam mulheres para se envolver e não acham ninguém.

Entretanto, enquanto isso, essas mulheres sem foco que entrevistei não namoram caras legais, mas ficam a fim ou investem nos "canalhas" que não dão segurança emocional alguma, ou que elas esperam conquistar para agradar seus egos, amigas ou a sociedade.

Um outro fato ocorre, então. As entrevistas mostraram que, se essas mulheres que ficaram solteiras passam dos 30 anos de idade com devida experiência emocional, aí sim elas começam a dar valor a coisas em que antes não acreditavam.

Em alguns casos, se apaixonam até rapidamente pelo primeiro que se encaixa no "suposto perfil ideal", pois depois dos 30, para elas, é uma situação decisiva e crítica não ser vista como "titia", além do medo que muitas têm de envelhecer e não conseguirem ser mães...

Isso se as cicatrizes emocionais do passado não forem tão grandes, pois geralmente as mágoas surgem por elas investirem demais ou criarem expectativas excessivas na pessoa errada.

Nas entrevistas que conduzi com mulheres de várias idades, pude constatar o seguinte: o que elas esperam de um homem na adolescência muda completamente na faixa dos 25 anos e depois dos 30 e 40 anos. Ou seja, quanto mais maduras elas ficam, mais valor elas dão aos seus sentimentos e necessidades pessoais, e menos importância à opinião da sociedade como um todo.

É óbvio que, toda vez que nos apaixonamos, nos tornamos um pouco "adolescentes" novamente... Porém, é nesse momento que a reflexão deveria ser feita. O que fiz e o que tentarei fazer de diferente para que agora dê certo?!?!

Para muitos, é certo que é a mulher que escolhe seu homem, porém é certo também, pelo menos pelas estatísticas, que é esse mesmo homem que ela escolheu que fará alguma coisa errada para jogar tudo para o ar.

Não existe mulher que já não tenha escolhido seu homem, mesmo que de forma não correta. Ela esquece toda a lógica para escolher exclusivamente o homem que lhe dá o maior «tesão» no primeiro contato e, somente depois da maturidade, talvez, ela mudará esse critério e verá outras coisas além do tesão. Ela focará mais em se agradar e suprir as suas necessidades do que as de pais, amigas ou da sociedade.

Falo de sociedade porque a mulher da América Latina escolhe o homem para o curto prazo, enquanto a europeia, a asiática e a norte-americana focam no longo prazo. Lógico que estatisticamente falando. Isso quando falamos de relacionamento sério, e não dos "casuais".

Não podemos esquecer que não existe amor perpétuo, como uma prisão perpétua. O amor longínquo só existirá se cada um tiver a sua própria liberdade de escolha, mas ambos se escolherem, o que é bem diferente de um impor-se ao outro.

As mulheres têm o carinho e o amor intrínsecos no seu "DNA", mas não estão tendo o devido controle ou conhecimento de como administrar esses dons. Com isso, os homens, por efeito colateral, não estão aprendendo, bem como seus filhos, o que é preciso realmente para agradar uma mulher: é ser apenas gostoso??! Maravilhoso na cama? Ser rico? Ser inteligente? Emotivo? Espiritualizado?!?! Ter "pegada"?!? Etc., etc...

E tudo isso para quê? Ele só fará essa evolução se realmente admirar uma mulher e achar que vale a pena, caso contrário ele investirá apenas o necessário para uma conquista de uma noite.

A mulher do século XXI tem ainda que descobrir qual é a sua "moeda de troca", sem querer ofender, para os novos tempos.

Nas entrevistas, eu concluí que os homens pensam que passaram por várias fases ao longo da história, em que o homem conquistava a mulher pela compra do dote, depois a supervalorização da virgindade, depois a importância da beleza... e agora? O que a mulher moderna tem de fazer para manter e cativar um homem até que a morte os separe? A partir do momento em que você realmente descobriu como é o seu homem e que ele vale a pena, é responsabilidade de cada uma de vocês buscar essas características intangíveis e invisíveis para fazer os olhos dos seus homens brilharem diariamente. E, obviamente, cobrar a parte deles também para te merecer.

Um amigo meu tem uma academia em Brasília e, certa vez, perguntou para uma menina de 14 anos o que ela queria ser quando crescesse. Ela simplesmente respondeu para ele: quero ser gostosa!!!

Será que um homem interessante, do jeito que qualquer mulher imagina, casará com uma mulher só por ela ser gostosa?!?!? Essas ele poderá ter várias... e a troca/permuta está cada vez mais fácil hoje em dia.

É lógico que é maravilhoso ser flertada e encantar alguém, toda mulher adora isso. O problema é quando ela não sabe distinguir ou «reconhecer», entrevistar e selecionar qual dos pretendentes é o melhor.

Há mulheres que sofrem pela indecisão, pois sabem de sua incapacidade de escolha. Melhor dizendo, algumas não querem dar ouvidos às suas intuições. Uma que entrevistei chegou a dizer: "eu sou burra porque quero, eu só estou enxergando o que quero." E ainda sentenciou: "...eu não consigo ou não quero ver as coisas que não estejam do meu jeito..."

Portanto, para resumir, talvez você pergunte como resolver o problema no caso de se envolver ou como se proteger desses tipos? A minha resposta é simples:

Como para se relacionar é preciso ter visão e um foco claro, a miopia é responsabilidade de quem vê, e não de quem é visto. Logo, que cada um se aprimore para saber escolher, daí as escolhas certas virão.

Está claro que todos nós teremos que, cedo ou tarde, ceder em algumas coisas, comportamentos e/ou atitudes, para conviver pacificamente com alguém que amamos. Porém, somente a maturidade nos mostra o que é passível ou não de ceder.

100º Erro – Mulher Viciada em Paixão

> *"Uma mulher precisa encontrar um homem para culpar para ser feliz."*
>
> Augusto Branco

Nas minhas pesquisas nos últimos dez anos eu tenho notado que, por várias razões culturais e até ingênuas, nós, infelizmente, misturamos todas essas coisas, emoções, sentimentos ou como queiram chamar. E é aí que começa a grande confusão dentro de nossos corações, mentes e vida emocional, material etc.

Nessa mistura do que alguns acham ser desejo, mas na verdade é paixão. Enquanto outros acham que estão amando, mas não passa de desejo. Sem falar de momentos em que alguns possam estar fazendo sexo, mas na verdade querem mesmo é demonstrar poder... e assim vai...

Diante dessa humilde constatação ainda sem fim, eu resolvi trazer alguma reflexão sobre cada uma dessas variáveis tão essenciais e importantes para nosso ser. E não adianta fugir delas, pois se Deus nos criou humanos, humanos temos que ser.

Cada um dos próximos artigos tratará sobre um tema. Os dois temas deste artigo, já para esquentar, são a tal paixão e o desejo.

O foco dessa paixão que escrevo é a do coração e da emoção, e não a paixão por um projeto, carreira ou invenção, pois graças a essas paixões de grandes homens e/ou mulheres na nossa história é que a Humanidade tem avançado.

A Paixão

Semana retrasada fui a uma palestra do filósofo brasileiro Renato Janine Ribeiro, e ele já trouxe uma frase e uma luz para eu iniciar este artigo: a paixão existe quando há ainda esperança e enquanto houver interesse!

Portanto, elimine a esperança por algo e a paixão acaba!!!

Procurando em alguns dicionários encontrei algumas definições para paixão: 1- Sentimento forte, como o amor, o ódio etc. 2- Movimento impetuoso da alma para o bem ou para o mal. 3- Mais comumente paixão designa amor, atração de um sexo pelo outro. 4- Parcialidade, prevenção pró ou contra alguma coisa. Indo ainda na história, eu me peguei pesquisando um dos grandes autores, o francês Charles Baudelaire (1821-1867). Ele viveu e escreveu muito sobre esse tema.

Note que, conforme inicialmente conceituado acima, a paixão é algo de dentro para fora desse ser humano apaixonado, e não o contrário. A paixão ainda traz a questão de sua parcialidade. Isso porque no momento da paixão não há espaço para neutralidade, mas apenas perpetuar esse sentimento em benefício próprio, mesmo que seja colocar a outra pessoa em nossas vidas.

Na paixão, na maioria das vezes, nos tornamos cegos! Só se vê a perfeição. Daí é um salto para as projeções e ilusão. É que a pessoa apaixonada acha que nada dará errado, pois essa pessoa se vê como privilegiada no universo.

E como o próprio filósofo Renato Janine citou: é a paixão "inventada" ou "subjugada" por nós mesmos que nos mantém vivos. Vejam nossos comerciais e campanhas publicitárias em qualquer mídia, cita Renato; estamos cercados de campanhas que nos forçam a estar "apaixonados" vinte e quatro horas por dia. A propaganda vende a paixão, mas o amor não vende! Será que um comercial teria sucesso ao mostrar a história de um casal de velhinhos, e toda sua dificuldade e prazer em construir uma vida e de estar juntos?!?! Quem sabe??

Mas, na dúvida, preferimos ver casais jovens e "maquiadamente" apaixonados que vendem mais!!

Porém, essa forma de paixão nos traz uma pergunta: esta é uma paixão verdadeira? O quanto de renúncia de nós mesmos essa paixão nos obriga somente para satisfazer a si mesma?

No livro *Amor Líquido*, o sociólogo francês Zygmunt Bauman narra muito bem esse sentimento já atualizado para o século XXI. Queremos estar apaixonados, mas com zero risco! Assim, poderíamos nos proteger de nós mesmos e da fragilidade dos laços humanos que não podem ser exatos ainda.

O Sr. Bauman cita suas constatações de que muitos de nós estão vendo um relacionamento, como diria um especialista, como um investimento parecido com todos os outros. Nós entramos com o tempo, o dinheiro e o esforço que poderíamos empregar para outros fins, mas não empregamos, esperando estar fazendo a coisa certa e esperando também que aquilo que perdemos ou deixamos de desfrutar acabaria, de alguma forma, nos sendo devolvido com lucro. Contudo, ao envolver-se em um relacionamento dessa forma – ele nos lembra –, o que se propunha, ansiava e esperava ser um abrigo contra a nossa fragilidade revela-se sempre como a nossa própria estufa. Sem falar da "paixão" da nova geração, que vale-se apenas de uma tecla "delete" ou na apatia de responder a um email já para ignorar e saltar de uma paixão para outra.

Eu acredito que a maior confusão está entre misturar desejo e paixão, isso porque o tal amor nem entraria nessa confusão. Amor deveria ser a "assinatura" e o resultado da paixão e do desejo, e não o contrário.

Na paixão podemos fazer coisas maravilhosas, como também não tão adequadas. Uma das verdades, trazendo para a vida prática, é que, como diriam os economistas do lar, nunca vá ao supermercado com fome!! Caso contrário, você comprará o que não precisa e criará necessidades momentâneas que passam depois de saciadas.

Onde se aplica essa teoria na vida amorosa? Eu arriscaria dizer que nós nunca deveríamos nos casar quando estamos estritamente apaixonados!! Temos que esperar a primeira fase da paixão passar, ou seja, os dois primeiros anos de relacionamento. Não assine nada até que realmente sua paixão vire amor, mas não um amor inventado ou um amor placebo, e sim um quase incondicional, que a maioria de nós nem sabe o que é, pois estamos mais preocupados em amar com segurança do que qualquer outra coisa.

Se não sabemos escolher, não sabemos a quem amar!!

A paixão traz uma "amizade sexual", enquanto o amor traria uma "amizade e parceria real", além da somente carnal.

No amor real, a confiança e a segurança entre os pares é real. Enquanto no momento em que há somente a paixão e o desejo, a insegurança e o ciúme podem perder o controle, levando até a situações de ridículo, como, por exemplo, a mulher ou o homem querer criar um produto do tipo *Carsystem*, só que para seres humanos. Aí, se acontecesse algo e a pessoa desejada saísse do seu lugar, uma mensagem bem alta seria ouvida: Atenção!! Essa mulher (ou homem) está aprontando. Por favor, ligue para 0800... blá, blá...

Ainda como exemplo, só falta um dia uma empresa tipo a Porto Seguro Seguros lançar uma campanha publicitária em rede nacional apresentando um novo produto e uma apólice para assegurar corações magoados por acidentes, sejam causados a nós mesmos pelas nossas projeções ou expectativas e/ou com cobertura para acidentes provocados por nós mesmos nos corações de terceiros.

Uma outra constatação é que, não sei se estou certo ou errado, mas tanto a paixão quanto o desejo, ambos sentimentos "detestam" a rotina. A rotina os faz ir embora, diferente do amor, que é mais calmo e convive de forma equilibrada com a tal rotina. Aí talvez alguém pergunte: como colocar todos juntos – paixão, desejo, amor e rotina – e viver equilibradamente como no surgimento da paixão? Eu arriscaria dizer: renove-se e renove quem estiver ao seu lado. Isso mesmo, pois, com o tempo e a maturidade, as pesquisas mostram que, não havendo renovação, esse problema acontecerá de forma garantida, seja num barraco de favela ou numa mansão em Beverly Hills: paixão, desejo e rotina brigam na hora de pagar o aluguel!!

Já ouvi e pesquisei histórias de arrepiar os cabelos sobre atos de paixão cometidos por milionários, emergentes ou humildes!! A paixão não escolhe poder aquisitivo para se manifestar; caberia a nós conhecer o seu poder, nossas fraquezas e dizer quem manda em quem!!

Isso lembrou-me um ponto sobre a paixão: paixão também é o nome que se dá ao anel metálico fixo na sobrequilha para segurar a manilha da amarra em construção naval. Traduzindo, isso significa que a paixão faz parte do conjunto da peça de ferro em forma de "U", usada para nela prender uma corrente ou corda feita dessa fibra. Com isso, se torna a corda ou corrente grossa para prender o navio à âncora ou a um ponto fixo.

O que quero dizer com isso? Será que, na verdade, ao invés de nos apaixonar não estamos esquecendo de ter também uma âncora por precaução? Estamos simplesmente soltando o navio em alto mar, ainda sem saber quem está no comando, e quando aparece a primeira tempestade já somos os primeiros a abandonar o nosso próprio navio, cuja construção nem chegamos a completar! Reflita...

O Desejo

Como escreveu ainda o filósofo Bauman, eu lembro: se o desejo quer consumir, o amor quer possuir. Enquanto a realização do desejo coincide com a aniquilação de seu objeto, o amor cresce com a aquisição deste e se realiza na sua durabilidade. Se o desejo se autodestrói, o amor se autoperpetua.

Com essas duas rápidas avaliações da paixão e do desejo, talvez já possamos ir entendendo que esses dois sentimentos são de curto prazo, enquanto amor é algo que visa o longo prazo. Só que o amor, diferente do desejo e da paixão, precisa de tempo para surgir e se fortalecer, caso contrário é meramente confundido com ficar, paixão e o tal desejo.

Uma das constatações nas nossas baladas da atualidade vem da frase enviada pelo meu amigo Paulo Prosperi: as mulheres querem conhecer na balada um cara que seja bonito, ligeiro e pegador. Depois elas querem namorar com ele... E querem depois que ele seja fiel, sincero e pacato.

Paradoxal essa situação, pois a maioria dos homens, como as próprias mulheres, também não sabe selecionar um par para longo prazo. Para alguns, basta ser gostosa, sensual, bonita e um pouco dependente!

Só no início do século XX Friedrich Nietzsche escreveu: "Ao pensar sobre a possibilidade do casamento, cada um deveria se fazer a seguinte pergunta: você crê que seria capaz de conversar com prazer com esta pessoa até a velhice? Tudo mais no casamento é transitório."

O que você acha desse pensamento de Nietzsche? O quanto de diálogo e conversa você tem para com quem está apaixonado ou desejando? O quanto de diálogo e conversa vocês têm fora da cama?

Daí com o tempo, quando a paixão e o desejo deveriam naturalmente migrar para o amor, ambos não estão preparados para amar incondicionalmente pois, afinal de contas, eles se escolheram e não se arrependeriam de baixar a guarda para aquela pessoa escolhida. Ainda nesse mesmo tempo, se não houve evolução, pode chegar o homem a pedir um tempo na relação, afinal, até hoje na história eu nunca pesquisei uma mulher que tenha pedido um tempo numa relação. Homem pede, enquanto a mulher prefere terminar! Estatisticamente, os homens são covardes emocionalmente!

Por isso existe a minha estatística de que há mil homens rapaduras para cada homem *petit gateau*, enquanto para as mulheres eu poderia arriscar em dizer que há cem mulheres rapaduras para uma mulher *petit gateau*.

De quem é a culpa disso? Simplesmente por nossos pais e/ou nós mesmos não investirmos em aprender a escolher nossos pares e entender a diferença de todos esses assuntos tratados neste artigo. Aí, para ficar mais cômodo, resta culpar os outros e não a nós mesmos.

Numa relação amorosa, o desjo é primitivamente traduzido pela sua voracidade e pela violência; a saciedade é o seu objetivo.

Se o amor está relacionado ao longo prazo (o pronome nós), a paixão está no médio prazo (o pronome ela ou ele) e o desejo no curtíssimo prazo (o pronome eu), se assim eu posso classificá-los.

Cometa novos erros, mas
não os últimos cem que descrevemos.

Esperamos não ter que escrever
uma continuação deste livro.

Nós, homens, precisamos de
vocês para sermos felizes, mas atualizem-se.

Heverton Anunciação   *Fabrizio Guerato*

QUALITYMARK EDITORA

Entre em sintonia com o mundo

Quality Phone:
0800-0263311
ligação gratuita

Qualitymark Editora
Rua Teixeira Júnior, 441 - São Cristovão
20921-405 - Rio de Janeiro - RJ
Tel.: (21) 3295-9800
Fax: (21) 3295-9824
www.qualitymark.com.br
e-mail: quality@qualitymark.com.br

Dados Técnicos:

• Formato:	14 x 21 cm
• Mancha:	11 x 18 cm
• Fonte:	BookmanOldStyle
• Corpo:	11
• Entrelinha:	13
• Total de Páginas:	216
• 1ª Edição:	2014